Ahora YO

Ahora YO

La respuesta está en tus manos

Dr. Mario Alonso Puig

Plataforma
Editorial

Primera edición en esta colección: noviembre de 2011
Novena edición: diciembre de 2017

© Mario Alonso Puig, 2011
© de la presente edición: Plataforma Editorial, 2011

Plataforma Editorial
c/ Muntaner 269, entlo. 1ª – 08021 Barcelona
Tel.: (+34) 93 494 79 99 – Fax: (+34) 93 419 23 14
www.plataformaeditorial.com
info@plataformaeditorial.com

Depósito legal: B. 10.086-2012
ISBN: 978-84-15115-78-6
IBIC: VSPM
Printed in Spain – Impreso en España

Idea de cubierta:
Jaime y Javier Antoñanzas, Comunica + A

Realización de cubierta:
Utopikka

Fotocomposición:
Grafime

El papel que se ha utilizado para imprimir este libro proviene
de explotaciones forestales controladas, donde se respetan
los valores ecológicos, sociales y el desarrollo sostenible del bosque.

Impresión:
BookPrint Digital – L'Hospitalet de Llobregat (Barcelona)

A mi mujer, Isabela, y a mis tres hijos, Mario, Joaquín y Borja, por ser para mí seres preciosos que cada día me inspiráis y me ayudáis a ser un poquito mejor. Vosotros sois mis verdaderos maestros y la gran motivación que me ayuda a superar el miedo a romper mis propios límites.

A mi madre, María Celia, un ser lleno de belleza, coraje, compromiso y amor a la vida. Una inspiración constante y un ejemplo de espíritu de superación.

A José María, Manuel, Juan Ignacio, Fernando y Alejandro, mis cinco hermanos. Siempre sentiré una infinita gratitud por la inmensa suerte de haberos encontrado en mi camino.

A la memoria de mi padre, que siempre estará presente en mi vida como alguien que buscó darme raíces para crecer y alas para volar.

A la memoria de Joaquín, una persona a la que jamás olvidaré.

«La salvación de nuestro mundo se encuentra en el corazón de las personas, en su humildad, responsabilidad y capacidad de reflexión.»

VACLAV HAVEL

Índice

1.
Los árboles no han de impedirnos ver el bosque

«La ocasión hay que crearla, no esperar a que llegue.»
FRANCIS BACON

Este primer capítulo quisiera que sirviese también de introducción, al ser un resumen de todo lo que vamos a tratar a lo largo de las páginas de este libro. Me gustaría que fuera una manera de presentar al lector la totalidad del «bosque», antes de adentrarnos en él y empezar a explorar con más detalle las características de cada «árbol».

El objetivo que me he trazado es que, a medida que avancemos en su lectura, vayamos descubriendo de una manera progresiva toda la sabiduría, la creatividad y la bondad que hay en nuestro interior. Todos tenemos un enorme potencial, y sin embargo o nos cuesta creer en él, o sencillamente no sabemos cómo desplegarlo. Toda bellota tiene el potencial de convertirse en encina. También nosotros tenemos el potencial para crecer y evolucionar como personas y alcanzar nuestra plenitud. Sin embargo, esto va a exigir un cambio profundo en la configuración de nuestra mentalidad. El estado de ánimo que tenemos en cada momento tiene mucho que ver con cómo nos estamos relacionando con las cosas. Sólo cuando nos damos cuenta de que cualquier realidad con la que nos encontremos nos está apelando para desplegar nuestra capacidad de interactuar con ella de una forma creativa, podemos alcanzar las mayores cotas de nuestra evolución personal.

«El objetivo que me he trazado es que,
a medida que avancemos en su lectura,
vayamos descubriendo de una manera
progresiva toda la sabiduría, la creatividad
y la bondad que hay en nuestro interior.»

Hay ciertas cosas que no se pueden enseñar, sino únicamente facilitar que se descubran. Algunos de los temas que vamos a tratar van a exigirnos leer con detenimiento y reflexionar sobre lo leído, para ver qué es lo que nos están diciendo a cada uno de nosotros en el momento particular que estamos viviendo. Tengo una enorme confianza en el Ser Humano y en todo aquello que podemos generar cuando miramos las cosas desde una perspectiva más elevada. En una ocasión le preguntaron a Hellen Keller, que era ciega, muda y sorda, si había algo peor que ser ciego. Ella respondió que sí, que era peor poder ver y no tener una visión. Es importante que recordemos que la manera en la que vemos el futuro afecta a la forma en la que vivimos el presente. Por eso, hemos de alcanzar la perspectiva que nos permita ver el futuro como algo que nos haga sentir la alegría y el entusiasmo de lo que ha de venir. No cabe duda de que esto es especialmente desafiante cuando una persona se encuentra en unas circunstancias difíciles, como haciendo frente a una enfermedad, viéndose sin trabajo, o teniendo un trabajo en el que no ve ningún futuro de mejora. Recordemos, porque es clave hacerlo, que sólo un cambio radical en nuestra actitud frente a lo que nos sucede puede favorecer que salga de nosotros lo mejor.

Por todo ello, podríamos comenzar nuestro viaje de aventura con unas palabras del genial escritor Víctor Hugo, autor de esa maravillosa obra titulada *Los miserables* que creo que no ha dejado indiferente a nadie que haya tenido la ocasión de leerla, o de verla representada en película o en teatro. Decía el gran escritor que «no hay nada más potente que una idea cuyo momento ha llegado». Ninguno de nosotros puede avanzar demasiado en la vida si lo acompañan esas conversaciones interiores que lo único que producen es desasosiego y desaliento. No podemos despegar hacia una nueva tierra de oportunidad si no eliminamos tan pesado lastre. Por eso, si nos sentimos hundidos, ha llegado el momento de levantarse y de dar un paso adelante. Ha llegado el momento de dejar de seguir hablando de problemas y empezar a hablar de oportunidades. Ha llegado el momento de dejar de sentirse como una víctima incapaz de hacer frente a las circunstancias y empezar a tomar más responsabilidad sobre nuestra propia vida. Ha llegado el momento de dejar de darle vueltas y más vueltas a lo que está mal y empezar a enfocarnos y a trabajar en crear aquello que puede abrirnos nuevos horizontes en la vida. Tenemos que salir de una vez por todas, si hemos caído en ello, del pozo de la frustración, de la impotencia y de la desesperanza. Cuando una persona queda esclavizada por estas emociones aflictivas, no puede ver la luz, sencillamente porque sólo mira a la oscuridad.

Qué distinta experiencia se tiene cuando se mira al suelo o a las estrellas. Todos necesitamos encontrar referencias que para nosotros tengan verdadero sentido y que nos llenen de ilusión en nuestro día a día.

Donde no hay dirección hay deriva, y de la deriva sólo pueden surgir la frustración y la pérdida de oportunidades. Todos sabemos que, «para el marino que no sabe adónde va, ningún viento es favorable». Cuando sólo nos enfocamos en lo negativo, vamos a la deriva y a merced de «vientos» nada propicios. Por eso, damos un primer paso cuando nos deshacemos de esa carga que limita nuestra movilidad. En esta línea me gustaría proponer algo:

Se acabó el echar la culpa a las circunstancias externas, porque para lo único que sirve es para llenarnos de ira y de resentimiento. Hay que enfocarse no sólo en lo que hay, sino, y sobre todo, en lo que todos juntos podemos hacer con lo que hay. No podemos seguir levantándonos sin ganas, como simples zombis que no viven, sino que sólo sobreviven. Si no recibimos el nuevo día con entusiasmo, estamos perdiendo la ocasión de experimentar una vida mucho más plena y de inspirar a otros con nuestro ejemplo.

Tengo un buen amigo que colabora en una obra social en una isla que pertenece a Mozambique. Mi amigo estaba impresionado con dos cosas. La primera era el número de personas que enfermaban y morían por la malaria y por el sida. La segunda, el nivel de alegría que transmitían los habitantes de ese lugar tan pobre. En una ocasión, mi amigo le preguntó a uno de aquellos mozambiqueños:

—Dime, ¿cómo es posible que se os vea tan alegres cuando estáis sometidos a tantas calamidades?

La respuesta de aquel hombre fue contundente y sin duda da que pensar.

—Porque para nosotros, Juanjo, cada día que nos despertamos es porque seguimos vivos y eso para nosotros es una celebración.

Sería de verdaderos ignorantes no reconocer que la vida nos impone duras pruebas y que parece como si a veces quisiera que aprendiéramos complicadas lecciones. Sin embargo, todos nosotros, sin excepción alguna, podemos entrenarnos para aumentar y mejorar nuestra fortaleza mental y emocional. Este es un entrenamiento imprescindible para desplegar lo mejor que hay dentro de nosotros, sobre todo en momentos de incertidumbre y cambio, en los que muchas veces nos sentimos acosados e inquietos. Es un entrenamiento que nos va a permitir conectar con nuestra esencia más profunda, que es de donde puede emanar esa fortaleza mental y emocional tan necesaria cuando estamos sumergidos en la confusión y el desconcierto.

Nosotros tal vez no podamos muchas veces cambiar lo que nos pasa, pero lo que sí podemos hacer es cambiar la manera en la que nos relacionamos con eso que nos pasa. En esto podría radicar la clave para tener una experiencia radicalmente diferente frente a lo que nos está ocurriendo en cada momento. Ahora bien, tenemos que ser muy honestos con nosotros mismos, ya que quien quiera ser señor de sus propios estados de ánimo ha de estar dispuesto a entrenarse continuamente. No olvidemos que el precio de la libertad es la eterna vigilancia.

Todo entrenamiento, sea en fortaleza física, mental o emocional, para que sea efectivo, no puede hacerse con desgana, como si fuera una obligación, porque entonces se abandonará ante la primera dificultad que tenga cierta envergadura.

«Nosotros tal vez no podamos muchas veces cambiar lo que nos pasa, pero lo que sí podemos hacer es cambiar la manera en la que nos relacionamos con eso que nos pasa.»

Un entrenamiento, para que produzca en nosotros los cambios necesarios, ha de ir acompañado de la pasión que se siente cuando se es plenamente consciente de los sufrimientos que se van a evitar, y de las alegrías que se puede llegar a experimentar como consecuencia de dicho entrenamiento. Si no ponemos emoción en lo que hacemos, ni el inconsciente se va a movilizar, ni nuestra consciencia se va a expandir hasta los niveles a los que podría llegar a hacerlo.

Es la visión de aquello que es posible alcanzar, de la nueva realidad que se puede crear, lo que actuará como palanca imprescindible para desplazar al miedo, a la ignorancia y a la pereza de nuestro camino. Nuestra misión como líderes de nosotros mismos, si decidimos aceptarla, no es resolver los problemas que podamos estar experimentando en cada momento, sino crear una nueva realidad mucho más apasionante, un proyecto vital mucho más ilusionante, un proyecto que movilice esas energías que todos tenemos dormidas y que urge despertar. Hemos de trabajar mucho más con nuestras posibilidades que con nuestras limitaciones y, para eso, tenemos que aprender a conectar con algo en nuestra naturaleza, mucho más profundo que aquello con lo que habitualmente conectamos. Un algo que va más allá de nuestro yo superficial, que no es otra cosa que nuestro ego limitado y limitante. Permanecer sólo en este plano superficial nos impide reconocer aspectos fundamentales de nuestra realidad, de la realidad de los demás y de la realidad que impera en el propio mundo. Es esta conexión con lo profundo la que nos va a inspirar y la que va a dar la libertad y la amplitud a nuestro pensar que son necesarias para poder desvelar muchas más dimensiones en las personas y en las cosas de las que normalmente vemos. En esto consiste la «alquimia de lo profundo».

Recorrer con paciencia y confianza el camino que nos lleva a recuperar esta conexión olvidada, nos hace recuperar también nuestra libertad perdida y transforma nuestra sensación de desamparo y desarraigo en una experiencia de claridad y de esplendor. Si queremos abrirnos a la consciencia profunda, que es fuente de sabiduría y energía transformadora, tenemos que aprender a cambiar el estado en el que se halle nuestra mente cuando nos sintamos pequeños, insignificantes e impotentes. El estado en el que está nuestra mente es determinante en la valoración y en la respuesta que vamos a dar frente a lo que nos ocurra en la vida.

Un cambio en el estado mental se logra utilizando algunos de los recursos más importantes que tenemos y que son nuestra inteligencia, nuestra memoria, nuestra imaginación, nuestra atención, nuestra fisiología y nuestra voluntad. En el entrenamiento personal, hemos de tener nuestra mirada siempre puesta en lo que queremos y no en lo que tenemos. Hay un profesor de golf muy conocido en Australia que se dedica a enseñar a golfistas invidentes. Él no les habla de los obstáculos que hay en el camino y que pueden hacer que su bola caiga donde no ha de caer. Él les dice dónde está la bandera y les hace sentir su capacidad para golpear la bola con suavidad y precisión.

Dado que hay una serie de pensamientos automáticos que nos bombardean sin cesar y que siembran en nosotros la duda y la inseguridad, necesitamos saber cómo interrumpir este diálogo interior disfuncional que lo único que hace es llenar nuestra cabeza de ruido y de desconcierto. Además, hemos de comprender la manera en la que tenemos que prepararnos antes de entrar en la «batalla», ya que los seres humanos estamos en frecuente contradicción con nosotros mismos. Yo no puedo avanzar mucho si doy un paso adelante y otro atrás. Es preciso que se produzca una alineación interior para que todas las fuerzas que hay en nuestro interior se muevan en el mismo sentido. Existen algunas miserias en la condición humana, y sin embargo, también hay algo dentro de nosotros que puede transformar por completo toda esa miseria y convertirla en belleza y en espíritu de contribución. No es esta una transformación que nos aleje de la realidad, sino que, muy al contrario, nos permite acercarnos a ella desde una perspectiva mucho más amplia y profunda.

**«Yo no puedo avanzar mucho si doy
un paso adelante y otro atrás.»**

Recordemos que, aunque parezca lo contrario, el verdadero conflicto es algo que tiene lugar dentro de nosotros, y ese es el espacio donde todos tenemos que triunfar como sea, porque es demasiado lo que está en juego. El trabajo interior es necesario para ganar confianza en nosotros mismos y para desarrollar en nuestra mente la absoluta certeza de que triunfaremos sean cuales sean las dificultades. En esta lucha de superación personal, el fracaso no lo podemos ver como una opción. Cometeremos errores y nos caeremos unas cuantas veces, pero siempre nos levantaremos una vez más de las que nos hayamos caído. Eso es lo que hace que salgamos de la experiencia, sin duda, fortalecidos. Así se transforma el error en algo creativo.

Finalmente, en nuestro entrenamiento personal, íntimo e intransferible, hemos de aprender cómo caminar con confianza en medio de los peligros, de la dificultad y de la incertidumbre.

En este libro existen cuatro partes que no se pueden separar, aunque sí distinguir. Estas partes constituyen los pilares de aquello que vamos a crear, si así decidimos hacerlo, y que no es otra cosa que una nueva realidad y, por qué no decirlo, una nueva vida.

**«Es la imaginación la que nos descubre
no lo que hay, sino lo que podría haber.»**

Durante la primera parte del programa que seguiremos, vamos a aprender cómo utilizar nuestra imaginación y nuestra atención para que colaboren en nuestro favor y no en contra de nosotros, que es lo que con frecuencia sucede. La imaginación creativa nos permite acceder a un espacio muy diferente de aquel en el que normalmente vivimos. Es esta facultad extraordinaria la que nos permite dar luz a una nueva realidad a partir no de lo que vemos, sino de lo que imaginamos. Es la imaginación la que nos descubre no lo que hay, sino lo que podría haber.

El resultado del trabajo con la imaginación creativa es un sentimiento de alegría e ilusión ante aquello que se vislumbra como la posibilidad de una vida nueva y mucho más plena. Estas emociones positivas son también las que a su vez van a despertar nuestras energías dormidas y las que van a impulsarnos a seguir actuando a pesar del desconocimiento y del miedo.

La atención es uno de los recursos más valiosos y menos explotados que tenemos. No somos de verdad conscientes de lo que la manera en la que usamos nuestra atención puede ayudar a construir o a destruir posibilidades y oportunidades en nuestra vida. Es muy improbable que podamos tener éxito en la creación de una mayor plenitud en nuestra vida si no conocemos y usamos estrategias que nos ayuden a centrar nuestra atención en este «sol», en este horizonte apasionante que empieza a iluminar nuestra existencia, sin dejarnos distraer por los «negros nubarrones» que van a aparecer en el cielo de nuestra mente en cuanto nos pongamos en marcha. Muchas de las conversaciones que tenemos con nosotros mismos sólo generan dudas, inseguridad y desconfianza. Son estas conversaciones interiores negativas las que evocan en nosotros imágenes de desamparo e impotencia. Son estas mismas conversaciones negativas, las que generan en nuestro interior muchos de los límites intelectuales, emocionales, sociales y económicos que vivimos como si fueran realidades inmutables.

Hellen Keller, aquella niña que a temprana edad se quedó ciega, muda y sorda, conocía muy bien el poder de la atención y lo plasmó con gran precisión en unas palabras llenas de belleza: «Si miras al sol, no podrás ver la oscuridad». Por eso, el entrenamiento de la mirada es clave. Si queremos acceder a un mundo nuevo, hemos de convertirnos en observadores diferentes de la realidad, ya que, si queremos ver algo distinto de lo que hemos visto hasta ahora, tenemos que aprender también a observar de una manera diferente.

Durante la segunda parte de nuestro programa de entrenamiento en fortaleza mental y emocional, aprenderemos cómo cambiar el estado de nuestra mente, de un estado neutro o un estado aflictivo y disfuncional, a un estado de máxima eficiencia. A través de la utilización de estrategias físicas, mentales y lingüísticas, descubriremos progresivamente cómo cambiar la química de nuestro cuerpo para que nos ayude y no nos anule. Seguiremos una metodología específica a través de las palabras, utilizando el llamado lenguaje transformacional, que es el que permite que se expanda nuestra percepción. También le enseñaré, apreciado lector, algún ejercicio para que serene su mente en momentos de duda, confusión y miedo. Tanto el lenguaje transformacional como ciertos ejercicios de meditación absorben por completo nuestra atención, induciendo lo que se denomina un estado de trance. Los estados de trance han sido muy estudiados y son muy apreciados en medicina, y además son conocidos desde la antigüedad. En occidente, los utilizaban médicos griegos ya en el siglo VI a. de C. y fueron estos propios médicos los que descubrieron el impacto que tenía en sus enfermos. En la época romana, el mismo Cicerón se refería a ellos. No estamos hablando de algo extraño o esotérico, sino de un estado especial de la consciencia humana en el que pueden producirse transformaciones que no serían posibles o requeriría muchísimo tiempo hacerlas en un estado de consciencia ordinaria. Los estados de trance son tan valorados en medicina y en psicología porque ayudan a influir en nuestro inconsciente y en nuestra fisiología, algo que es impensable utilizando otros abordajes. Uno de mis maestros en este campo, un afamado cardiólogo de la Universidad de Harvard en Boston, me comentaba la marcada reducción de la presión arterial y la potenciación del sistema inmunológico que se producían en estos estados, tan beneficiosos para aquellas personas que se tenían que someter a cirugía cardiaca. Muchos maestros orientales son expertos en entrar en estos estados y en ayudar a otros a hacerlo.

«(…) el entrenamiento de la mirada es clave.»

La inquietud al hablar de estos estados de trance ha surgido cuando una serie de charlatanes, sin apenas formación y con intenciones poco claras, han presentado estos estados de una manera que resulta a la vez insultante y bochornosa, dando una pobre imagen de esta apasionante metodología. En un estado de trance, la persona es absolutamente dueña de sus decisiones y además mantiene un diálogo radicalmente diferente con su inconsciente, de tal manera que puede influir en él de una forma mucho más potente. Los estados de trance son parte del día a día y así, por ejemplo, se producen cuando uno está ensimismado leyendo un buen libro, escuchando música, jugando al fútbol o viendo un precioso amanecer. Su interés tanto en la medicina como en el deporte va en aumento, sencillamente porque produce resultados y es además un proceso natural.

Recordemos que el objetivo fundamental que se percibe con un cambio de estado mental es doble. En primer lugar, una ampliación del nivel de consciencia. Nuestra consciencia es aquello que nos permite darnos cuenta de lo que hay en cada lugar y de lo que sucede en cada momento.

En segundo lugar, a lo que lleva este cambio en el estado mental es a la generación de confianza como sentimiento profundo de que podemos hacer frente con posibilidades de éxito a cualquier desafío que se nos presente. Cuando cambiamos el estado de nuestra mente, escapamos de las limitaciones profundas que a menudo nos imponen ciertos rasgos de nuestra personalidad. Son estos mismos rasgos los que muchas veces impiden que seamos conscientes y que despleguemos nuestros verdaderos recursos, fortalezas y capacidades.

Un cambio de un estado mental limitante a uno de máxima eficiencia produce de inmediato una percepción completamente diferente de las cosas. Es como si algo nos «sacara del agua» y pudiéramos entonces descubrir un nuevo espacio. De alguna manera dejamos de ser «peces» y nos convertimos en «aves». Así de potente resulta el cambio de estado mental a la hora de percibir las cosas.

Cuando la consciencia se expande, vemos las cosas con mucha más claridad y perspectiva, y por eso los pasos que damos son más certeros. Se expande nuestra inteligencia, y los procesos de análisis, toma de decisiones y aprendizaje se hacen también más ágiles y potentes.

Cuando la confianza aumenta, nuestra manera de mirar y de hablar cambia. La postura de nuestro cuerpo y la manera en la que respiramos se transforman. Además, nuestra forma de movernos refleja una fuerza hasta entonces desconocida para nosotros y para los demás. El impacto que tiene en estos es muy llamativo y, lejos de intimidarlos, los impulsa a colaborar con nosotros para ayudarnos a alcanzar nuestra meta.

En la tercera fase de nuestro programa de entrenamiento en fortaleza mental y emocional, aprenderemos a gestionar el diálogo interior para evitar que nos distraiga de nuestro camino y, sobre todo, para impedir que sus pobres asesoramientos nos aparten de lo que verdaderamente queremos.

En la cuarta y última fase, tenemos que saber cómo mantenernos caminando a pesar de las dificultades, los errores y las caídas. Necesitamos aprender una forma nueva de relacionarnos con el error, porque lo que nos hace más fuertes no es no caernos, sino levantarnos siempre una vez más de las que nos caemos. El error sólo puede ser creativo si cuando se produce en lugar de intentar negarlo, borrarlo, esconderlo o martirizarnos por haberlo cometido, seguimos construyendo algo valioso a partir de lo que aprendemos de él.

Si tengo la fortuna de acompañarlo en este entrenamiento en fortaleza mental y emocional, es importante que sepa que donde debe depositar su confianza no es sólo en mí, sino sobre todo y por encima de todo en usted. Se lo digo porque es donde yo también he de depositar mi confianza, no en mi mayor o menor capacidad, sino en usted y en su enorme potencialidad como persona. Sé que mi misión no es nada más y nada menos que ayudarlo a usted, si me da su permiso, a descubrir su grandeza y a caminar hacia su plenitud. El gran atleta es usted, no yo. Yo sería su *coach*, su entrenador personal, alguien que sabe, aunque tal vez no lo conozca personalmente, que usted puede experimentar una vida mucho más plena de lo que quizá imagine. Si se anima vamos a dar un paso adelante, porque entre el saber y el saber hacer está precisamente esa sabiduría que posibilita la transformación.

2.
El maestro de aikido

«Cuando veas a un hombre bueno, trata de imitar-
lo; cuando veas a un hombre malo, examínate a ti
mismo.»

CONFUCIO

Una de las cosas que muchas veces nos es más difícil conseguir es cambiar nuestra manera de ver las cosas, ya que es
precisamente esta manera de ver las cosas la que nos da una
sensación de seguridad y de estabilidad. Con frecuencia pensamos que las cosas son sólo como las vemos. Esta convicción puede llevarnos a quedarnos sólo con la apariencia y a
mantenernos ciegos frente a lo que hay en la profundidad.

Tampoco somos conscientes de hasta qué punto muchas
de nuestras inseguridades son la consecuencia directa precisamente de esa forma particular de ver las cosas. Es por eso
por lo que tal vez podríamos aprender a mirar y a escuchar
de una manera diferente.

Las personas a veces vivimos con rasgos de inautentici-
dad y de cierta hipocresía, ya que por una parte decimos que

queremos cambiar y, por otra, nos oponemos sutilmente a todo aquello que supone un cambio real en nuestra forma de pensar o de actuar. Este conflicto interior genera desgaste e ineficiencia y por eso el aikido, un excepcional arte marcial, es una metáfora tan potente para mostrarnos un posible camino para su solución.

El aikido tiene una serie de peculiaridades a las que en gran parte debe su gran singularidad. En la práctica de este arte marcial, cuando alguien nos golpea, sencillamente no nos encuentra porque nos hemos desplazado. El atacante no se encuentra con nadie que le pare el golpe o que se lo devuelva. Por otra parte, cuando alguien agarra a un aikidoka, este, en lugar de anularlo directamente, se alinea con el atacante, se pone a su lado. Si esto lo lleváramos al mundo del conflicto humano, equivaldría a ponerse al lado del oponente a fin de entender su mundo y la manera en la que está percibiendo las cosas. Sólo desde esta conexión con el oponente y de este entendimiento de su mundo, puede redirigir el aikidoka a su oponente a un lugar que no sea destructivo sino constructivo. Si no existe compasión, si no existe una verdadera comprensión de cómo la otra persona está viviendo las cosas, no vamos a poder entender su conducta. No se trata de estar de acuerdo con dicha conducta, sino de descubrir de dónde surge.

El verdadero maestro de aikido ha de reunir, por tanto, una serie de características, fruto de un entrenamiento sostenido, confiado y paciente:

1. El maestro de aikido tiene una magnífica gestión de sus emociones, de manera que consigue mantener la distancia necesaria frente a aquello que es difícil o doloroso. Experimenta la tristeza, pero no queda envuelto y dominado por ella.

Eso lo lleva poco a poco a convertirse en un experto en el arte de caerse sin «romperse» y de levantarse rápidamente, es decir, en el «arte de rodar». Por eso ha establecido una relación con el error completamente diferente de la habitual y cae sin sufrir más que lo justo, al saber que con lo que aprenda sin duda lo hará mejor la próxima vez. Es esta actitud la que inmediatamente lo sitúa más cerca de su meta. En un maestro de aikido no opera la exigencia de la perfección inmediata, sino la comprensión profunda de lo que significa el descubrimiento y el avance constante, fruto de aprender tras los errores. Él sabe que es cómo manejamos nuestros fallos lo que determina nuestro éxito.

Todos nosotros, si así lo decidimos, podemos convertirnos en maestros del aikido interior cuando comprendemos con hondura que el buen juicio viene de la experiencia y la mayor parte de la experiencia viene del error. Podemos ser golpeados por las circunstancias de la vida y aun así no desesperarnos. Podemos caer en una sima muy honda y, sin embargo, no resignarnos a sentirnos hundidos. Es importante recordar en estos momentos de especial dificultad y desafío que el fallo no es el nombre de una persona, sino algo que ocurre en la vida de una persona que se ha atrevido a dar un paso adelante. Las caídas siempre producen dolor, pero en lugar de intentar negarlo, ocultarlo o dejarse envolver en el dolor y convertirlo en sufrimiento, lo que hay que hacer es analizarlo, aprender y avanzar. Podemos evitar caer en la alucinación de pensar que un error es insuperable o que ya ha malogrado nuestra vida para siempre. Cuando no cometemos errores es porque nunca nos estiramos de verdad para explorar nuestro auténtico potencial. Sólo hay dos desenlaces de nuestras acciones: o conseguimos lo que queremos o aprendemos algo esencial para conseguirlo la próxima vez. Un error puede enseñarnos mucho sólo si se lo permitimos. Aquí reside la naturaleza creativa del error.

Uno de los mejores cirujanos cardiacos que existen en el mundo es el Dr. Cosgrove, en la actualidad, el jefe de Cirugía Cardiaca de la Cleveland Clinic en Ohio, Estados Unidos. La historia de este verdadero campeón de la cirugía es muy singular. El Dr. Cosgrove hizo su especialidad en el Hospital General de Massachusetts, que pertenece a la Universidad de Harvard en Boston. Los médicos que le enseñaban no veían en el joven residente a alguien especialmente brillante. De hecho, consideraron que nunca llegaría a ser alguien que alcanzara algún día un verdadero prestigio. Tengamos en cuenta que el servicio de Cirugía Cardiaca del Hospital General de Massachusetts ha sido, a lo largo de muchos años, uno de los más reconocidos de Estados Unidos. La cuestión que nos podemos plantear es: ¿por qué se equivocaron en tal medida al juzgarlo así? Cosgrove, como ya he comentado, no sólo tiene actualmente prestigio como cirujano cardiaco, sino que es reconocido como uno de los mejores del mundo. Él es, junto con su equipo, el artífice de una reducción en un 50 % de los ACV (accidentes vasculares cerebrales), que a veces lamentablemente pueden producirse tras algunas de las intervenciones cardiacas más complicadas.

En una entrevista que le hicieron al Dr. Cosgrove le preguntaron cómo era posible que sus mentores en el Hospital General de Massachusetts lo juzgaran de una manera tan desacertada. La contestación que dio el Dr. Cosgrove fue sorprendente:

–Ellos no sabían la manera en la que yo me relaciono con el error.

Sorprendido ante la contestación, el periodista le pidió que aclarara lo que acababa de decir.

–Mire –contestó Cosgrove–, cuando se produce un error, cuando aparece el fracaso, se genera mucho dolor en uno mismo y en los demás. Para evitar este dolor, es muy frecuente dejarse llevar por la tendencia a ignorar el error, ocultar el error o culpar a alguien, sea uno mismo o sean otros. Así nunca se aprende. El error tiene mucho que enseñarnos si dejamos que nos enseñe. Para ello, hay que resistir el dolor y acercarse a explorar lo que ha ocurrido para aprender que hay qué hacer en adelante.

Entonces el periodista le dijo:

–Sí, Dr. Cosgrove, pero habrá alguna manera de no cometer ningún tipo de error.

La contestación de Cosgrove fue directa y tajante:

–Sí que la hay, pero quiero que conozca usted el precio que creo que va a tener que pagar para no cometer nunca ningún error. El precio va a ser no decir nada, no hacer nada y no ser nada.

«El error tiene mucho que enseñarnos si dejamos que nos enseñe. Para ello, hay que resistir el dolor y acercarse a explorar lo que ha ocurrido para aprender qué hay que hacer en adelante.»

Invito al lector a que reflexione sobre estos comentarios de una persona que ha revolucionado la cirugía cardiaca y que atribuye la esencia de su éxito a su manera de relacionarse con el error.

2. Un verdadero aikidoka de la vida ha de entender con hondura que los supuestos enemigos simplemente son personas que todavía no han despertado a una realidad más ilusionante y que, por tanto, viven muchas veces en un «infierno» de sufrimiento. Los golpes que lanzan y el rechazo que expresan parten de su ceguera y no de su maldad. Esto no ha de llevar a un sentimiento de superioridad, sino a un verdadero espíritu compasivo. Es interesante que el creador del aikido, el maestro Morihei Ueshiba, exhortara a sus discípulos a que usaran este arte marcial para inmovilizar al atacante, evitan-

do en la medida de lo posible dañarlo. El maestro Ueshiba prohibió la competición en aikido porque pensó que antes o después llevaría a la violencia. Sin que sirva para nada de muestra estadísticamente significativa, yo fui testigo, en mi época de práctica de ciertas artes marciales, de hasta dónde estaban dispuestos a llegar algunos practicantes para conseguir una simple copa de latón.

3. El aspirante a convertirse en maestro de aikido ha de desarrollar una excepcional humildad y una gran paciencia, porque es un arte que tarda mucho en perfeccionarse. Recordemos que la paciencia sólo implica saber adaptarse a los ritmos naturales de las cosas. Así, un agricultor debe tener confianza y paciencia cuando planta sus semillas en la tierra.

4. La intención del practicante de aikido ha de ser en todo momento la correcta, es decir, la de ayudar a otra persona a descubrir su verdadero potencial y a alcanzar su plenitud. Si su intención fuera la de ganar superioridad sobre su oponente, nunca podría ayudarlo a crecer y evolucionar. Por eso, el verdadero aikidoka, cuando es atacado, no reacciona, ni huye ni contraataca. Tampoco crea en su mente aquellos significados, interpretaciones y valoraciones que rompen el amor por esa persona. El aspirante a maestro de aikido no rechaza lo que aparece en su presente, sino que lo acepta y lo abraza porque sabe que es su gran oportunidad, por una parte, de servir de instrumento para la actuación del Universo y, por otra, de descubrir aquello que estaba oculto.

En este sentido hay una historia maravillosa que le ocurrió a un maestro de aikido norteamericano que por entonces vivía en Japón. Esta persona era cinturón negro cuarto dan, lo cual sin duda es indicativo de un gran nivel de maestría en cualquier arte marcial.

Un día, este aikidoka cogió un tren cerca de Tokio y se situó de pie en el pasillo. A unos escasos metros frente al lugar donde estaba, se encontraba una de las puertas del tren. Entre el lugar donde estaba la puerta y el sitio donde estaba él, había algunos viajeros leyendo el periódico. A su izquierda había un compartimento con la puerta medio abierta. Él sólo podía ver a aquellas personas que estaban sentadas a la derecha, porque al estar la puerta sólo abierta parcialmente, no podía ver a aquellos que estaban sentados a la izquierda. Al llegar a la siguiente estación, el tren se para y se abren las puertas. De repente entra un individuo grande y de aspecto desaliñado dando voces. De un golpe arranca el periódico del viajero que está más cerca de la puerta. Al ver a aquel ser violento, el aikidoka norteamericano se prepara para darle una lección. El individuo violento, que además estaba bebido, se da cuenta de que el norteamericano está mirándolo y entonces se dirige a él con desprecio:

—¡Tú, americano, escoria! ¿Qué estás mirando?

Aquel hombre violento, en su ignorancia se fue acercando al aikidoka sin ser consciente de la verdadera talla de su oponente. El norteamericano estaba preparándose para darle un escarmiento que nunca olvidaría.

De repente, como saliendo de la nada, se abrió por completo la puerta del compartimento y un hombre mayor y de corta estatura se colocó entre ellos dos.

Posiblemente, para los que contemplaban nerviosos la escena, aquel anciano era alguien completamente desconocido, pero no lo era para el norteamericano, el cual reconoció de inmediato a uno de los más grandes maestros de aikido de Japón, un cinturón negro octavo dan y discípulo directo del maestro Ueshiba.

El anciano, que daba la espalda al norteamericano, se dirigió a aquel japonés violento y abrió los brazos como mostrando una gran sorpresa.

–¡Hombre, tú has estado bebiendo sake y a mí me encanta el sake!

El otro se quedó desconcertado y sin saber qué contestar. El anciano se le acercó con enorme ternura, lo cogió suavemente de un brazo y le dijo:

–Ven a mi compartimento, vamos a hablar.

El norteamericano no pudo contener su curiosidad y se asomó lo más discretamente que pudo para ver lo que estaba ocurriendo.

–¿Qué te pasa? ¿Por qué estás tan furioso?

Había algo especial en el tono y en los gestos, un gran respeto, una enorme dulzura, una extraordinaria cercanía.

–Hace una semana perdí mi trabajo y hoy vengo del hospital, mi mujer ha fallecido y ya no sé adónde ir ni qué hacer.

El hombre se puso a sollozar abrazado al anciano.

El anciano empezó a acariciar el pelo de aquel hombre que se sentía completamente hundido y entonces le dijo:

—Hoy vendrás conmigo a mi casa y juntos nos sentaremos en el columpio que tengo para hablar como dos buenos amigos.

En aquel momento, el norteamericano sintió un nudo en el estómago y descubrió lo que era ser de verdad un maestro, alguien que nunca deja que su fuerza se interponga en el camino del amor.

5. El maestro de aikido conoce muy bien la naturaleza de los múltiples tipos de ataques que recibe, porque reconoce el patrón mental de la persona que lo ataca. Eso hace que ajuste su técnica para dar la mejor respuesta a ese tipo especial de ataque. Sabe lo que quiere conseguir su oponente con su ataque, que no es sino cubrir algunas de sus necesidades fundamentales y así tener sensaciones gratificantes y evitar sensaciones dolorosas. Hay, por ejemplo, personas que al sentirse muy poco valoradas exigen casi un vasallaje por parte de los demás.

Cuando un aikidoka rompe el patrón mental de su oponente, lo desconcierta porque no reacciona como se espera que va a hacerlo, sino que responde de una forma inesperada, ofreciendo muchas veces amor en lugar de rechazo. Este es el llamado en la literatura zen el amor ying, el amor maternal que acoge y ampara. Es una dimensión del amor absolutamente necesaria, ya que el aikidoka, antes de poder redirigir a su atacante hacia una zona de crecimiento y evolución, ha de lograr que siga agarrándolo y esto sólo se consigue con el mantenimiento de la conexión emocional. Sólo desde esta conexión personal puede el aikidoka actuar con la firmeza necesaria, con la firmeza yang, para derribar a su verdadero oponente, que no es sino algún aspecto limitante y disfuncional de la manera en la que percibe el mundo esa persona que lo ha atacado. Es en ese momento cuando el aikidoka habla con firmeza y sin dureza e invita, que no impone, a su oponente a que se haga un cuestionamiento hondo de su conducta y de su actitud.

Dos preguntas son las que se hace un aspirante a maestro de aikido:

a. ¿Qué necesidad está intentando cubrir esta persona?
b. ¿Qué valor está intentando proteger?

«Hay, por ejemplo, personas que
al sentirse muy poco valoradas exigen
casi un vasallaje por parte de los demás.»

---

6. El aspirante a maestro de aikido trabaja continuamente su equilibrio personal porque sabe perfectamente que el oponente de mayor envergadura no está fuera sino en su propio interior. Por eso, ante el ataque de las voces negativas y disfuncionales, en lugar de resistirse o rechazarlas, las comprende, comprende que actúan desde la ceguera y las lleva a transmutarse en voces de la sabiduría.

En ausencia de esta reflexión, el aikidoka no puede tener el equilibrio y la armonía interior para mantener la calma interna en medio de las agresiones externas. Por eso el maestro de aikido se conoce, tiene maestría emocional y su mente no está dividida. Todo esto se logra a base de compromiso, resolución, persistencia y enorme paciencia, porque, si bien pueden darse cambios súbitos, la mayor parte de las veces el proceso sucede poco a poco, de una manera imperceptible, y durante el mismo se van experimentando momentos iniciales de caos y confusión para emerger finalmente transformado.

Como vemos, todos podemos convertirnos en maestros de aikido interior cuando aprendemos a ver en los demás las semillas de la grandeza y los ayudamos para que ellos también las descubran.

Un niño sin ningún futuro, Ben Carson, niño de color, hijo de una madre sin estudios que fue abandonada por su marido cuando él nació, experimentó niveles muy profundos de soledad, tristeza y desesperanza. Visto por sus compañeros y por la mayoría de los profesores como «el tonto de la clase», fue cayendo en una espiral de frustración e ira. Sin embargo, Ben tenía una madre que creía en él y un profesor que constantemente le transmitía lo mucho que confiaba en sus posibilidades. Un día, algo sucedió y ese potencial que había dentro de Ben despertó, afloró y comenzó a desplegarse. Ben empezó a mejorar en los estudios, superó a todos sus compañeros de clase y acabó obteniendo las mejores calificaciones de su escuela. Posteriormente fue becado por una de las mejores universidades de Estados Unidos y en la actualidad es el jefe de Neurocirugía Infantil del Hospital John Hopkins en Baltimore. Hoy se le considera el mejor neurocirujano infantil que hay en el mundo.

3.
Inventando el futuro

«Nada es más libre que la imaginación humana.»

DAVID HUME

La imaginación es una de las facultades más sobresalientes que tiene el ser humano y ha estado presente a lo largo de toda nuestra historia. Desde el primer hombre que hace dos millones y medio de años miró una simple piedra y la vio como una posible arma para cazar y defenderse, hasta las grandes construcciones e inventos del mundo actual, la imaginación es, junto con la motivación, uno de los ingredientes básicos del proceso creativo y evolutivo de nuestra especie. Cualquier artefacto creado por el hombre precisó inicialmente de la puesta en marcha de su imaginación. En cualquier momento en el que cerramos los ojos e imaginamos el olor de una rosa o la vista del mar, estamos utilizando nuestros sentidos internos. Estos sentidos no existirían si no tuviéramos imaginación. Sin embargo, de una capacidad tan potente que Albert Einstein la consideraba más importante que el conocimiento, las personas en general hacemos un uso muy pobre. Podemos imaginarnos desgracias que nunca ocurrirán, peligros que no existen y limitaciones que no son tales. Es muy importante recordar que los estudios de imagen cerebral demuestran que, cuando imaginamos algo, se genera una experiencia real en nuestro cerebro, es decir, que nuestro cerebro, de alguna manera, está procesando una experiencia como si fuera real, aunque tan sólo nos la estemos imaginando. Esta es la razón por la cual desde cirujanos, hasta pilotos de caza o deportistas, se entrenan en estas técnicas para aumentar su eficiencia cuando hacen frente a retos complejos. La propia hipnosis clínica ericksoniana utiliza el enorme poder de la imaginación para tratar cuadros de dolor, estados de ansiedad o para ayudar a las personas a superar bloqueos emocionales. Lo que es un formidable recurso, nuestra imaginación, se convierte en un tremendo problema cuando es utilizado por nuestras creencias limitantes, esas certezas que vivimos como reales sin serlo, para magnificar el tamaño de ciertos obstáculos externos o para minimizar la talla de nuestras capacidades. Si pensamos que nuestra fuerza de voluntad es superior a la fuerza de nuestra imaginación, creo que estamos muy equivocados. Utilizar el poder de nuestra imaginación creadora para inventar un nuevo futuro implica un gran desafío, ya que tendemos a quedar apresados por la idea de que lo que hay, aquello que creemos posible, es todo lo que en realidad podría llegar a ser. A veces nos es difícil salirnos de ciertas estrechas paralelas mentales y aceptar que hay mucho más de lo que normalmente somos capaces de contemplar. Esto podría despertar nuestra curiosidad y nuestro gusto por la exploración.

Muchas personas están muy habituadas sólo a hacer y hacer, a producir y producir. Esta es la dimensión del homo faber, del hombre que hace, que produce y que no deja espacio alguno para pensar, para reflexionar, para investigar por dónde hay que ir. En la soledad, el silencio y la reflexión es donde muchas veces surge el acto del descubrimiento y de la creación. Ocasionalmente nos ocurre que, cuando buscamos la quietud, el silencio y la reflexión, empezamos a sentirnos inquietos e incluso culpables por tener la sensación de no estar aprovechando más eficientemente el tiempo, con el poco que tenemos. Paradójicamente, la mente se nos llena de ruido y esto dificulta mucho el poder concentrarse medianamente. Se percibe además una incómoda agitación interna, que parece que nos está empujando a abandonar algo tan extraño como es esa quietud y ese silencio y a ponernos a hacer de una vez algo productivo. Es como si nos preguntáramos: ¿para qué voy a parar con todo lo que tengo que hacer?

Esta situación refleja dos cosas: la primera es que cualquier espacio de quietud, de silencio y de reflexión es un espacio que está situado completamente fuera de nuestra zona de comodidad, de lo que a veces se denomina «nuestra caja». La segunda cosa que revela es que, aunque tengamos la intención de explorar ese espacio «fuera de la caja», no somos competentes para mantenernos ahí. Es un verdadero desafío mantenerse fuera de lo conocido, porque se experimenta una intensa frustración que nos empuja al abandono y la huida. Sólo el verdadero compromiso, la determinación, la persistencia y la paciencia pueden abrir la ventana de la creatividad y de la inteligencia para ver lo que desde «nuestra caja» ni tan siquiera se puede vislumbrar. Entrenarse en salir del área de confort y, adentrarse en ese área de quietud, silencio y reflexión es un enorme desafío para el homo faber, que hace tiempo que se olvidó de que también tenía una inteligencia especulativa, una inteligencia reflexiva. Con la inteligencia práctica, el hombre puede crear artefactos que le permiten vivir con comodidad.

> **«Muchas personas están habituadas**
> **sólo a hacer y hacer (...).**
> **Esta es la dimensión del homo faber,**
> **del hombre que hace, que produce y que**
> **no deja espacio alguno para pensar (...).»**

Con la inteligencia especulativa, el hombre puede adentrarse en la comprensión de la realidad y por lo tanto en el camino a la felicidad. Es esta inteligencia especulativa la que se entrena con la quietud, el silencio y la reflexión. Es esta inteligencia la que permite captar la verdadera esencia de las cosas y ponerse en contacto con el ser que mora dentro de ellas. Es un entrenamiento progresivo donde, al igual que la musculatura, nuestra inteligencia reflexiva se va haciendo cada vez más robusta. Los estudios realizados mediante electroencefalografía han arrojado datos muy curiosos. Cuando entramos en ese espacio de silencio interior, las ondas cerebrales se hacen más lentas y el cuerpo se relaja. El sistema inmunológico mejora y se libera óxido nítrico, que es una molécula sumamente beneficiosa para la salud. Además, en estos ritmos más lentos, el cerebro se vuelve más eficiente y creativo. Muchas personas han comentado que tras este entrenamiento han encontrado de manera «espontánea» la solución a problemas que les tenían muy agobiados.

Otro de los factores que evita que utilicemos el extraordinario papel de nuestra imaginación creadora, es la facilidad con la que nos instalamos en la queja. Esta es una actitud muy limitante porque evita que empecemos de una forma responsable a buscar la manera de mejorar las cosas. Por eso, tomamos esa posición fácil en la que señalamos lo que está mal, pero no hacemos nada por buscar una solución y mejorar lo que hay. Cuando pensamos que la solución de los problemas corresponde a otros y no ponemos nuestro grano de arena para encontrar esa solución, entonces nuestra imaginación se echa a dormir. La puesta en marcha de la imaginación creadora nos exige tomar responsabilidad a la hora de buscar nuevas soluciones y alternativas.

El miedo es otra de las grandes barreras que hay que superar para poner en marcha la potencia de nuestra imaginación creadora. Nuestra ignorancia sobre nuestro verdadero potencial hace que nos asustemos con facilidad ante los retos. Una persona asustada no puede actuar con decisión. Cuando nos asustamos frente a los desafíos, podemos tender a renunciar a hacerles frente y eso impide que se puedan estirar nuestras capacidades. De manera automática, bajamos la talla de esos desafíos al tamaño de nuestras aparentes capacidades. Lo único que todo esto pone en evidencia, como ya hemos comentado, es que tenemos un concepto de nosotros mismos que es a veces bastante pobre y limitado. No somos conscientes de que tenemos energías, talentos, recursos y fortalezas que están dormidas, y que son los grandes proyectos vitales los que pueden hacer que se despierten.

Conozco el caso de un departamento que se dedica a la generación de combustibles para la alta competición. Los integrantes de ese departamento se enamoraron del proyecto de hacer la mejor gasolina que pudiera existir, compitiendo con otras compañías del mundo y sabiendo que el éxito se basaba en un margen tan estrecho como era el reducir el tiempo durante las carreras en una décima de segundo. No sólo han conseguido convertir su sueño en realidad, sino que han disfrutado enormemente en el proceso y han demostrado al resto de la compañía hasta qué punto cuando las personas nos sentimos profundamente motivados, abrimos de manera inmediata las puertas de nuestra creatividad.

La Dra. Teresa Amabile, psicóloga de la Universidad de Harvard y una de las máximas autoridades mundiales en su campo, ha demostrado a lo largo de una investigación de muchos años que la motivación interna, aquella que no depende de premios o castigos, es la clave para abrir el proceso creativo, tanto en las ciencias como en las artes. Es otra evidencia de hasta qué punto la creatividad surge de la pasión.

Cuando las personas nos atrevemos a pensar en grande, nos enamoramos de los proyectos y los hacemos nuestros, se empieza a desplegar en nosotros un potencial asombroso. Lo que evita que pensemos en grande y nos enamoremos de nuevos proyectos extraordinarios, no suele ser otra cosa que nuestras dudas acerca de nuestra capacidad y nuestro miedo al fracaso, al creernos a veces muy pequeños e insignificantes ante la talla del desafío. Nuestro miedo se refleja en forma de todo tipo de excusas y justificaciones. Rechazamos, criticamos, ignoramos, nos rebelamos porque no somos conscientes de nuestra auténtica talla. Por eso, cuando convertimos esos proyectos en realidades, se produce la inmensa alegría del auto-descubrimiento. No es simplemente una sensación de triunfo por haber logrado el objetivo, sino sobre todo por haber sido capaces de superarnos, de sobrepasarnos a nosotros mismos. Lo que experimentamos es una alegría profunda, fruto de haber descubierto en uno mismo un potencial que hasta ahora nos era desconocido. Imaginemos la auto-confianza que da esto ante los futuros retos. Lo que hemos conseguido es que se haya ampliado la imagen que teníamos de nosotros mismos y por consiguiente hemos crecido y evolucionado como personas.

Las personas cuando pensamos sobre el futuro, frecuentemente lo hacemos mirando al pasado y actuamos tomando como referencia nuestras experiencias previas, en lugar de imaginar nuevas posibilidades para nosotros y para nuestras vidas. Muchas veces, cuando miramos atrás, lo que vemos son algunos pobres resultados y pensamos que esos pobres resultados lo que reflejan son pobres capacidades, cuando en realidad no es así. Con frecuencia, esos pobres resultados lo único que reflejan es una escasa motivación y un limitado compromiso, ya que no fuimos capaces en aquel momento de despertar las energías y los talentos dormidos que necesitábamos para hacer frente a esos retos. Si usted mira al pasado y ve aquellas cosas que quería lograr y no logró, o que quería superar y no superó, se dará cuenta de que lo que tal vez de verdad le faltó fue coraje o determinación, o persistencia o paciencia. No suele ser la falta de conocimientos o de inteligencia lo que impide que superemos las cosas, aunque en un análisis rápido y superficial pueda parecernos que es así. Lo que habitualmente evita que superemos las cosas y alcancemos las metas es nuestra escasa eficiencia para aflorar ciertos recursos emocionales cuando más los necesitamos. No es que no los tengamos, sino que no los desplegamos. Lo que el corazón quiere sentir, se lo muestra la mente. Son las emociones las que abren el intelecto y no al revés. Pero ¿cómo se va a abrir nuestro intelecto, si estamos asustados, si no confiamos en nosotros mismos o si no estamos realmente motivados? Lo primero y fundamental es tener fe en nosotros mismos y en nuestras posibilidades. Lo segundo es crear, inventar un proyecto apasionante, y lo tercero es comprometernos firmemente en hacer de ese proyecto una realidad. Por eso, lo que tal vez nosotros necesitamos aprender es a aflorar esos recursos emocionales que tanto necesitamos. Para lograr esto, hay estrategias específicas, la mayor parte de las cuales pasan por la utilización de nuestra imaginación creadora, que es la que nos va a ayudar a descubrir nuevas opciones y caminos para aprovechar las oportunidades existentes.

«(…) la motivación interna, aquella que no depende de premios o castigos, es la clave para abrir el proceso creativo, tanto en las ciencias como en las artes. Es otra evidencia de hasta qué punto la creatividad surge de la pasión.»

Construir desde el pasado hacia el futuro es una forma muy limitante de inventar el futuro, porque sin darnos cuenta de ello estamos asumiendo que lo que no pudo ser en el pasado tampoco podrá ser en el futuro. Sin embargo, construir en el futuro y desde ahí retroceder hasta el presente es la manera de generar algo que no pueda ser predecible desde el pasado. Sin embargo, estamos tan aferrados a nuestro pasado, nos identificamos tanto con él, que nos cuesta dejarlo en su sitio cuando avanzamos hacia el futuro. No en vano, nuestro pasado nos aporta todo tipo de razones y de justificaciones para explicar por qué no tenemos ciertos éxitos en el presente o por qué no los tendremos en el futuro.

Así, por ejemplo hay seres humanos que por el tipo de trabajo que hacen, un trabajo muy mecanizado y que llevan haciéndolo durante mucho tiempo, creen que nada de lo que hagan puede añadir un valor diferencial, y es esta forma de ver su trabajo, esta forma tan limitante de ver su papel, la que los limita. Ellos no están limitados por quienes son, sino por su forma de verse dentro de la familia, de la empresa o de la sociedad. También ocurre que hay personas en las distintas organizaciones que también los ven así. Creen que la talla de esas personas viene definida por el papel que tienen y en su modo de interactuar con ellos lo hacen de una forma mecánica sin ser conscientes de que esas personas tienen una extraordinaria capacidad para pensar, para reflexionar y para aportar soluciones creativas. Por eso, entre unos que se ven a sí mismos tan limitados y otros que favorecen que esta forma de verse se mantenga, es normal que el gran potencial existente en una persona, en una familia, en una empresa o en una sociedad no aflore.

Recuerdo algo que sucedió en una empresa en Estados Unidos. Acababa de fallecer un hombre que era visto como alguien muy gris y solitario e incapaz de hacer nada creativo. Su trabajo consistía en gestionar de forma rutinaria una serie de formularios. Varios de sus compañeros fueron al funeral. En un momento de la ceremonia, la viuda se levantó y empezó a recitar poesías que su marido había escrito. Era tal la belleza de esas poesías que sus compañeros de trabajo comenzaron a emocionarse. Al salir del funeral, comentaron entre ellos cómo era posible que una persona capaz de escribir esas poesías hubiera sido percibido como alguien tan poco creativo. Tal vez, nosotros podamos entender lo que ocurrió en el caso concreto de esta persona y en muchos otros similares si acudimos a los descubrimientos del también norteamericano William Mac Gregor.

William Mac Gregor, psicólogo y profesor de *management* del Instituto Tecnológico de Massachusetts, acuñó una teoría de enorme interés que denominó teoría X y teoría Y. Él decía que hay personas que creen firmemente que la gente es fundamentalmente vaga y que trabaja exclusivamente por un cheque a fin de mes. La única manera de motivarlos es a base de premios y castigos, esto es, del «palo y la zanahoria». Hay que estar continuamente encima de ellos, porque, si no, no harán lo que tienen que hacer.

Imaginémonos que comenzamos a trabajar en una empresa y nuestro jefe y nuestros compañeros nos ven así. Sin duda, no sólo nos lo transmitirán con su mirada, sino también con sus actuaciones. Serán personas que no nos darán responsabilidad, no delegarán en nosotros y estarán siempre vigilando todo lo que hacemos. Imaginemos el impacto emocional que esto tendrá en nosotros al cabo de un tiempo. ¿Verdad que cada vez sentiremos menos ganas de ir a trabajar? Al final acabaremos yendo a trabajar única y exclusivamente porque nos pagan a fin de mes. Nuestro jefe y nuestros compañeros encuentran así la clara «demostración» de que estaban en lo cierto. Es importante recordar que esto no sólo puede pasarle a un jefe, sino también a un padre, a una madre o a un profesor. A cualquiera que vea a otro ser humano desde un punto de vista limitado, sencillamente porque le ha puesto una etiqueta y, al hacerlo, no le da ninguna opción a salir de ella. Las etiquetas son para las cosas y no para las personas. No hay ninguna etiqueta que pueda contener toda la grandeza que encierra un ser humano.

Imaginemos ahora que vamos a trabajar con un jefe y unos compañeros que nos ven como personas creativas que quieren contribuir a generar algo valioso. Naturalmente que nos importa el cheque de fin de mes, pero desde luego no es lo único que nos importa. ¿Verdad que lo normal es que nos traten de una manera diferente? Lo habitual será que nos pidan opiniones y sugerencias y que nos vayan dando una responsabilidad creciente. Como nos sentiremos valorados, seremos más eficientes y nos sentiremos más a gusto. Nuestro jefe y nuestros compañeros tendrán argumentos para reforzar su idea de que efectivamente el ser humano es creativo si se le da la ocasión de serlo.

Es la teoría Y de Mac Gregor. Este es un buen momento para recordar la importancia de las expectativas y de tratar a los demás como se trata a alguien cuando se espera de esa persona lo mejor.

Por otra parte, están los complejos, sobre todo en ciertos países. Parece que no podemos competir con otras personas, que somos inferiores, que nos falta algo y, así, muchas veces para no sentir el dolor de la vergüenza nos retiramos de la competición antes de que ni tan siquiera hayan dado el pistoletazo de salida. Siempre parece menos doloroso rechazarse a uno mismo que ser rechazado por otros.

Reconozcamos también que, aunque son poquísimas, hay algunas personas que han hecho un «negocio de anular» a los demás, de hundirles la moral a base de mostrarles siempre el lado feo y oscuro de ellos mismos y del mundo en general. Son los asesinos de sueños, los asesinos de esperanzas, los asesinos de la ilusión. Bajo el disfraz de lo que es lógico y razonable, no quieren otra cosa que atraer la atención hacia ellos mismos. Son personas cuya intención real no es ayudar a otras a despuntar y a aflorar lo mejor que hay en ellas, sino todo lo contrario. No estamos hablando de personas malas, sino de perfectos ignorantes, de personas que no se dan cuenta de las consecuencias de lo que hacen. Por otra parte están los aduladores, a los que se refería un filósofo con las siguientes palabras: «Los cuervos arrancan los ojos de los muertos cuando ya no les hacen falta; pero los aduladores destruyen las almas de los vivos cegándoles los ojos».

> «Este es un buen momento para recordar
> la importancia de las expectativas y de tratar
> a los demás como se trata a alguien cuando
> se espera de esa persona lo mejor.»

De todas maneras, es muy importante conocer dos cosas: la primera es que una persona dará lo mejor de sí misma ante la presión que supone el desafío, pero no bajo ninguna forma de intimidación. Si la persona no hace suyo el proyecto, que nosotros introduzcamos la presión de la amenaza va a tener efectos muy contraproducentes. Una cosa es ser firme y una cosa muy distinta es ser duro. A una persona se la puede ayudar a despertar a una situación de la que es urgente despertar, pero no se la puede despertar de cualquier manera. El segundo tema esencial es que cada uno de nosotros tenemos una velocidad para adaptarnos a los cambios, y esta velocidad podemos impulsarla pero no violarla con nuestra impaciencia y con nuestra presión porque conseguiremos justo el efecto contrario.

En una ocasión, el padre de dos niñas me contó que estaba intentando ayudar a su hija pequeña de cuatro años a que montara en bicicleta sin ruedines. El padre se estaba impacientando y eso empezó a notarlo la pequeña, que de repente se paró, miró a su padre y le dijo con decisión:

—Papá, ¿quieres que tú y yo nos llevemos bien?

El padre, sorprendido ante la pregunta, le respondió:

—Claro que sí, hija mía, claro que quiero que nos llevemos bien.

—¡Entonces papa, deja de regañarme!

El padre sintió como si le hubieran sacudido un golpe en las propias narices y a partir de ese momento siguió ayudando a su hija, pero ahora con una marcada serenidad y simpatía. Me contaba este padre que después de dicha experiencia se puso a reflexionar y se planteó si su hija mayor había tardado tanto en aprender a montar en bicicleta sin ruedines por la dureza con la que tal vez la había tratado.

Necesitamos empezar a hacernos nuevas preguntas y hay que empezar a mirar en sitios diferentes y no donde siempre hemos mirado.

En una ocasión, un vecino se encontró por la noche al excéntrico Nasrudín buscando algo bajo la luz de una farola.

—¿Qué es lo que buscas, Nasrudín?

—Busco mis llaves, es que las he perdido.

—¿Las has perdido debajo de esta farola?

—No, las he perdido dentro de mi casa.

—Entonces, si las has perdido dentro de casa, ¿por qué estás buscándolas debajo de la farola?

—Porque es el único sitio donde hay luz, —contestó Nasrudín.

Ampliar nuestra consciencia es llevar luz a donde hay oscuridad para reencontrar aquello valioso que hemos perdido. Para eso hay que buscar no donde es más fácil buscar, sino donde realmente hay que buscar aunque sea mucho más difícil hacerlo.

Nosotros sólo podemos experimentar este aumento de consciencia cuando nos damos cuenta de algo de lo que antes no éramos conscientes. Todos tenemos muchos más conocimientos de lo que nos imaginamos y hemos acumulado muchas más experiencias de las que recordamos. Para que este potencial aflore cuando lo necesitamos, hemos de ser capaces primero de conectar y, segundo, de abrir la puerta de nuestra sabiduría inconsciente y no hacer como Nasrudín, pensar que la única luz la puede poner nuestro intelecto, porque los talentos que tenemos ocultos y con los cuales necesitamos urgentemente conectar están más allá de las fronteras de dicho intelecto. Por eso, es muy necesario recuperar el valor de la intuición, de esa forma de razonamiento no intelectual que procede de nuestro mundo inconsciente y cuyo acceso se hace a través del hemisferio derecho de nuestro cerebro. Conectar con nuestro inconsciente creativo es conectar con esa fuente de conocimiento y de experiencia que sabe exactamente lo que nos pasa y la manera de solucionarlo.

«Ampliar nuestra consciencia es llevar luz a donde hay oscuridad para reencontrar aquello valioso que hemos perdido.»

Mi propuesta es que siempre que tenga una intuición al menos se pare y explore el camino que esa intuición le abra. La intuición y el intelecto no tienen que estar enfrentados, sino que pueden y creo que deben ir de la mano.

4.
Que nuestro
corazón no tiemble

«Huir del temor es sólo acrecentarlo.»
KRISHNAMURTI

En los capítulos que siguen vamos a penetrar con hondura en la naturaleza del miedo, en sus posibles raíces y en la manera de gestionarlo, cuando, lejos de ayudarnos en nuestra supervivencia, se convierte en una emoción aflictiva que empobrece nuestras vidas.

El ser humano ha estado en íntima relación con el miedo desde sus mismos orígenes, hace aproximadamente dos millones y medio de años. La aparición de ciertas emociones como el miedo supone una ventaja evolutiva fundamental, ya que implican, por una parte, la capacidad para evaluar el entorno a fin de detectar las posibles amenazas y, por otra, la puesta en marcha de estrategias que nos permitan hacerle frente. Recordemos que si el cerebro tiene una misión fundamental es la de proteger nuestra vida.

Cuando reflexionamos un poco sobre la naturaleza del miedo, enseguida nos damos cuenta de que es una emoción algo desconcertante, ya que su activación, si bien en muchos casos nos protege, en otros evita que nos arriesguemos para probar cosas nuevas y así poder cambiar, crecer y evolucionar. Por otro lado, la ausencia completa de miedo no nos convertiría en personas valientes, sino en unos seres temerarios, incapaces de reconocer aquellos peligros reales que pueden acabar con nuestra vida. Si el miedo tuviera tal poder sobre nosotros que, en lugar de tener nosotros miedo, el miedo «nos tuviera a nosotros», entonces nuestra vida no sería más que una experiencia de alarma constante que no nos dejaría descansar ni por un instante. Eso nos desgastaría y nos llevaría a enfermar.

Las reacciones de miedo están mediadas fundamentalmente por tres estructuras cerebrales que son el núcleo central del miedo en la amígdala, el hipotálamo y la sustancia gris periacueductal. La naturaleza es muy sabia; de hecho, es tan sabia y se fía tan poco de algunas de nuestras estrategias conscientes, que cuando detecta un peligro, como por ejemplo una serpiente, pone en marcha mecanismos de huida antes de que ni siquiera nos demos cuenta a nivel consciente de que lo que tenemos delante es una serpiente. El problema surge cuando lo que se siente amenazada no es nuestra supervivencia física sino ciertos aspectos de la imagen que tenemos de nosotros mismos. Esta imagen es en gran parte el fruto de cómo hemos ido evaluando las experiencias que hemos ido teniendo a lo largo de nuestra vida. Desde que somos pequeños y desde muchos lugares, se nos insiste en cómo hemos de ser si queremos que se nos acepte. Si nosotros creemos que no estamos siendo como deberíamos ser, entonces tenemos que arreglárnoslas para disimular y actuar de una manera que no se nos note. Ya puede imaginarse el lector la situación de tensión en la que se vive cuando por una parte uno tiene que proteger su cuerpo físico, por otra parte tiene que intentar mostrar la imagen de quién se espera que sea y, finalmente, ha de tratar de esconder la imagen de lo que uno muchas veces teme ser. Todo ello nos produce un enorme desgaste y reduce nuestra salud y nuestra vitalidad. El miedo que a veces tenemos en los procesos de cambio no es debido a que nuestra supervivencia física corra peligro, sino a que esa imagen que queremos proteger sí puede correrlo.

Me gustaría proponer una estrategia frente al miedo que es diferente de las estrategias de ataque, de defensa, de huida y de bloqueo, que tan útiles son para hacer frente a los peligros físicos. Como en este caso la estrategia es para hacer frente a la sensación de amenaza de esa imagen que queremos proteger, necesitamos probar un tipo de estrategia que evite que se pongan en marcha esas reacciones de ataque, huida o bloqueo y que aquí son tan poco útiles. Esta estrategia que propongo tiene varias fases:

1. Durante la primera fase, hay que poner en marcha dos elementos, uno mental y otro físico. El elemento mental es la aceptación y el elemento físico es el control de la respiración.

La aceptación consiste en que, cuando usted sienta miedo porque cree que su imagen está amenazada, tal vez por el miedo a la crítica, a desilusionar a otros, al qué dirán, tome inmediatamente la posición de una persona que está observando desde fuera y con verdadero interés lo que está ocurriendo en su cuerpo. Preste atención desde los cambios en la respiración hasta el aumento de tensión en ciertos grupos musculares. Imagínese el lector que está observando el funcionamiento de una máquina biológica compleja y que luego tiene que hacer ante otras personas una descripción de lo que ha observado. Este distanciamiento de la experiencia emocional, de tal manera que aunque la esté experimentando usted, también la está observando como si la estuviera experimentando otra persona, es esencial para evitar quedar cautivos de muchas reacciones emocionales aflictivas, que nos generan un enorme sufrimiento y que no nos aportan a cambio nada valioso.

A este tipo de atención centrada en la observación de las propias reacciones es a lo que se denomina meta-atención.

2. El segundo elemento que tiene que aprender a gestionar es la respiración. Cuando el miedo nos captura, el primer impacto físico tiene lugar a nivel de la respiración. Si usted se observa en una de estas situaciones, se dará cuenta de que o deja de respirar o respira muy deprisa, algo que se denomina taquipnea. Es esencial que en esos momentos respire y respire de manera tranquila. Acuérdese de que es esencial que tome el control de su respiración, y usted sin duda

puede lograrlo. Vaya cogiendo aire de manera consciente y después vaya espirando con una espiración más larga que la inspiración. Sienta sobre todo que se hincha su abdomen, prueba de que está movilizando su diafragma. Si usted controla su respiración de manera consciente y se enfoca en ello, no hay manera de que el miedo tenga tanta potencia en usted, porque el miedo no sólo es un sentimiento, sino que sobre todo es una reacción corporal que usted, al controlar su respiración, está alterando. Quiero, además, que a medida que note que controla mejor su respiración, vaya haciendo que el ejercicio adquiera un nivel más profundo. Para eso, cada vez que espire diga dentro de usted la palabra uno. Con cada espiración dentro de usted resonará la palabra uno. Ahora, y finalmente, quiero pedirle que imagine que un aire de un color azul que a usted le guste entra por su nariz, recorre su cuerpo y se coloca en los riñones, llenándolos de ese mismo color azul. Después, al espirar, concéntrese de nuevo en decir en su interior la palabra uno. Voy a explicarle ahora por qué funciona este ejercicio, aunque a medida que avance en la lectura del libro lo irá entendiendo cada vez mejor.

La reacción del miedo, que en este caso no nos salva la vida, sino que la llena de miseria, produce cambios fisiológicos automáticos, que como hemos comentados están inducidos por el núcleo central de la amígdala, por el hipotálamo y por la sustancia gris periacueductal del mesencéfalo. Estos cambios fisiológicos producen, además de los cambios respiratorios vistos, una gran tensión muscular y una serie de perturbaciones importantes tanto a nivel circulatorio como visceral y hormonal. Dado que todo está conectado entre sí, sentimiento y emoción, respiración y hormonas, lo que hacemos con nuestro ejercicio de respiración tiene un impacto en todo. La respiración controlada y acompasada manda un mensaje al cerebro de que todo va bien. Decir la palabra uno al espirar nos obliga a mantener la atención en la respiración en lugar de en aquello que nos preocupa. El color azul es algo que descubrieron maestros orientales hace muchos años y que al parecer es registrado por el hemisferio derecho como signo de tranquilidad y armonía. Es importante tener presente que el miedo tiene un gran componente inconsciente y que el hemisferio derecho del cerebro, como ya hemos comentado, es la puerta al inconsciente.

Si resumimos un poco lo que hemos visto hasta ahora, nos daremos cuenta de que en la primera parte de la gestión del miedo sólo hay dos cosas que hay que hacer y ambas podemos hacerlas. La primera es tomar el papel de observador, anotando cuidadosamente los cambios que se están produciendo en el cuerpo. La segunda es empezar a tomar el control de la respiración, movilizando el diafragma, diciendo uno al espirar e imaginándonos el color azul llegando hasta los riñones durante la inspiración. Como usted está también observando su cuerpo y lo que le pasa, es como si se hubiera dividido en dos personas, una que respira y otra que observa cómo la respiración está teniendo lugar y a su vez la va controlando. No descarte nada de lo que hemos comentado hasta aquí, porque si lo prueba verá que funciona. Imagine la confianza que esto va a darle cuando a lo mejor esté en una reunión complicada o tenga que tomar una decisión difícil. También considere hasta qué punto esto podría ayudarle si padeciese algún tipo de fobia, por ejemplo, a volar. Lo importante es que se acuerde de practicarlo.

«(…) de la gestión del miedo sólo hay dos cosas que hay que hacer y ambas podemos hacerlas. (…) tomar el papel de observador, anotando cuidadosamente los cambios que se están produciendo en el cuerpo. (…) empezar a tomar el control de la respiración, movilizando el diafragma (…).»

Una vez que usted sea quién controla la respiración y que ha cambiado su papel del que sólo experimenta la emoción al doble papel del que la experimenta y a la vez la observa, ha de pasar a la segunda fase, que es la de hacerse una pregunta: ¿qué me estoy diciendo a mi mismo para sentirme así?

Toda creencia disfuncional, toda idea que vivimos como certeza a nivel inconsciente, la manera en la que se manifiesta es precisamente a través del cuerpo, con la aparición de ciertas emociones, como por ejemplo el miedo. Cuando nosotros, una vez que hemos completado la fase primera de observarnos y de controlar la respiración, jugamos con esta pregunta, entonces dejamos que sea otra parte de nuestro inconsciente, aquélla donde están nuestros verdaderos recursos y potencialidades, la que busque la respuesta.

Es muy habitual que al cabo de unos minutos salte en nuestra mente ese mensaje que desde las profundidades de nuestro inconsciente nos hace sentirnos tan pequeños y desvalidos. Recordemos que en el inconsciente hay dos fuerzas bien diferentes, una que nos anula y otra que nos ayuda. La parte que nos anula es donde están acumulados todos los pensamientos tóxicos que hemos tomado de nuestro entorno y de nuestra cultura. Ahí están también todos aquellos pensamientos ponzoñosos que hemos ido generando a base de hacer evaluaciones e interpretaciones llenas de distorsiones.

«Quien de verdad es compasivo entiende que todo el daño que nos causamos los hombres a nosotros mismos y a los demás no es por una maldad intrínseca, sino porque vivimos asustados, nos sentimos acorralados y eso nos torna intolerantes y agresivos.»

En el otro espacio del inconsciente es donde se encuentra nuestra consciencia dormida, que es en sí misma fuente de sabiduría y de creatividad. Cuando nos liberamos de las zarpas del miedo, este cambio en el estado mental favorece que esta consciencia comience a despertar y es entonces cuando somos conscientes de aquello que nos limita, porque entra una luz que proyecta tal esplendor sobre las cosas que lo que nos está limitando queda expuesto ante tanta claridad. Es ese el momento en el que nos damos cuenta de que, si no nos movemos con más soltura en la vida, no es porque nuestras piernas no sean las adecuadas, sino porque están sujetas a enormes grilletes.

De la luz de la consciencia sale la compasión hacia nosotros mismos y hacia los demás. Quien de verdad es compasivo entiende que todo el daño que nos causamos los hombres a nosotros mismos y a los demás no es por una maldad intrínseca, sino porque vivimos asustados, nos sentimos acorralados y eso nos torna intolerantes y agresivos. La compasión nos lleva a conectar con nuestro sufrimiento, con nuestra soledad, con nuestro miedo y con nuestra sensación de desesperanza. Somos compasivos cuando nos damos apoyo a nosotros mismos y se lo damos a los demás. La compasión permite observarse con afecto y sin animosidad. De la aceptación y de la compasión surge una nueva forma de comprensión y una nueva forma de ver que se acerca a lo que denominamos sabiduría. Igual que la luz disipa la oscuridad, la auténtica comprensión disipa muchos de nuestros miedos.

5.
Mantener
la tensión de la goma

«Ni las victorias de los juegos olímpicos, ni las que se alcanzan en batallas, hacen al hombre feliz. Las únicas que lo hacen dichoso son las que consigue sobre sí mismo. Las tentaciones y pruebas son combates. Has vencido una, dos, muchas veces; combate aún. Si llegas al fin a vencer, serás dichoso toda tu vida, como si hubieras vencido siempre.»

EPÍCTETO

En este capítulo vamos a seguir reflexionando sobre algunas de las manifestaciones del miedo, ya que, cuanto mejor conozcamos a nuestro contrincante, más fácil será salir victoriosos. Por eso, voy a contar una experiencia que me ocurrió y que creo que puede ser bastante ilustrativa a la hora de entender de qué maneras tan sutiles nuestros temores pueden dificultarnos alcanzar las metas que nos proponemos.

Yo jamás me había sentido un hombre capaz cuando me ponía ante un ordenador. Es cierto que a lo largo de los años había tenido que utilizarlos para hacer mis propias presentaciones. A base de ensayo y error, había alcanzado un nivel de competencia suficiente. Aun así, cada vez que iba a un centro a dar un curso, me aseguraba que estuviera el técnico en informática para que fuera él y no yo quien montara todo el sistema. Por alguna razón, había asumido mi reducida capacidad para sobrepasar ese nivel de habilidad en el que me encontraba.

Durante años había mirado con especial interés un tipo de ordenadores que son muy llamativos porque al encenderlos se ilumina una manzanita que tienen en la tapa. Recuerdo que la idea que tenía de ellos es que como poseían un sistema operativo diferente de los PC, eran muy complicados de manejar. Además, eran unos ordenadores especialmente caros. Yo pensaba que, en el fondo, qué más me daba que fueran caros, si yo nunca sería capaz de aprender a manejar uno de ellos. Sin embargo, por razones que no recuerdo bien, mi interés fue aumentando hasta que un día, estando en Estados Unidos, decidí entrar en una tienda donde vendían este tipo de ordenadores. Enseguida noté cómo empezaba a ponerme tenso y me invadían unas ganas tremendas de marcharme de allí. Así estaban las cosas cuando un día, escuchando una conferencia en Los Ángeles, me quedé fascinado ante la calidad de la presentación que hizo el ponente. Estaba conmigo un médico colombiano que me explicó que esa presentación la habían hecho con uno de esos ordenadores en los que yo estaba interesado. También me comentó que él tenía uno y que, si lo acompañaba a su hotel, lo bajaba y me lo enseñaba. Así lo hicimos y, dado que mi amigo es un hombre paciente, empezó a enseñarme algunas de las funciones de su ordenador, si bien me costaba captarlas por lo tenso que me ponía. Cuando volví a España decidí que iba a comprarme uno y a ver qué pasaba. Como yo vivo en Madrid, entré en un concesionario oficial con mi mujer y mis tres hijos. Estaba tan tenso que me costaba pensar con claridad. Se me acercó un sonriente vendedor para preguntarme qué quería. Yo le dije que estaba pensando comprarme uno de aquellos ordenadores y le pedí que me enseñara cómo usar algunos de los efectos visuales que yo había visto en la presentación a la que asistí en los Ángeles. Él me dijo que ese tipo de ordenadores contaba con miles de efectos y que no tenía ni idea de a qué me refería. Entones, empezó a tocar una serie de botones en uno de los ordenadores de muestra, para mostrarme cómo funcionaba. El técnico iba a tal velocidad que yo no podía seguirlo, con lo cual me puse aún más tenso. El hombre en cuestión empezó a tensarse y ambos entramos en un círculo vicioso, con lo cual al final yo me sentí un tanto incómodo y opté después de una breve conversación por marcharme.

Suelo pedirle a mi familia *feed-back* de mis actuaciones, así que también lo hice en esta ocasión. Mi hijo mayor me dijo que le parecía que el técnico no tenía mucha paciencia pero que yo había entrado muy tenso en la tienda. En ese momento decidí que aquel tipo de ordenadores no era para mí.

Pasó el tiempo y yo estaba en una conferencia en Madrid, donde oí a un amigo mío preguntar a la audiencia acerca de cuál era el país más poblado del mundo. Ninguno lo acertamos y él finalmente dijo que el país más poblado del mundo era Google. En ese momento entendí, como si me hubiera golpeado un rayo, que si seguía con ese rechazo a la informática también estaba rechazando todo lo que tenía relación con ella, esto es, las nuevas tecnologías. Es cierto que yo tenía mi página web, pero, a pesar de ello, no me ocupaba personalmente de ella, sino que una serie de personas me la gestionaban. En ese momento decidí, sin posibilidad de vuelta atrás, que la mejor manera de superar mis dudas y mis miedos era comprarme uno de aquellos ordenadores.

Estaba yo por entonces viajando con cierta frecuencia a Londres por un tema de *coaching* y aquella semana tenía un día libre. Fue entonces cuando se me ocurrió acercarme a la preciosa tienda de informática que hay en Regent Street y que es un punto oficial de venta de ese tipo de ordenadores. Cuando entré, de nuevo empezaron a aparecer las mismas emociones, tensión, frustración, y sentí las ganas de salir de allí lo más rápido posible. Sin embargo, decidí aguantar, mantenerme en ese mismo lugar, porque mi resolución era firme, mi compromiso era absoluto. En ese preciso momento, algo comenzó a suceder en mí porque empecé a sentirme un poquito más tranquilo y relajado. Entonces empecé a toquetear los ordenadores, sin tener ni idea de cómo funcionaban. En mi proceso de exploración subí al segundo piso y me di cuenta de que al fondo había gente sentada escuchando algo. Me acerqué y vi que estaban dando un curso para explicar cómo usar aquel tipo de ordenadores. Me senté tímidamente en una de las butacas y empecé a escuchar. La verdad es que lo explicaban muy bien y poco a poco fui entendiendo algunas cosas de su funcionamiento. Para mí, eso era un enorme avance. Cuando terminó ese curso de una hora pregunté si iban a dar alguno más ese día y me dijeron que iban a dar otros seis acerca de distintos aspectos del funcionamiento de ese tipo de ordenador. A mí casi me da un ataque de entusiasmo. Me quedé siete horas en la tienda y asistí a siete de aquellos cursos. Cuando salí de la tienda, ya entrada la tarde, yo era un ser diferente. Ahora entendía muchas cosas, ahora me sentía capaz. Ahora sí que iba a comprarme, en cuanto llegara a España, uno de aquellos ordenadores. Ha pasado ya un tiempo de aquello y ahora disfruto enormemente trabajando con mi ordenador. He explorado nuevas posibilidades creativas y muchas veces me pregunto por qué no empecé a disfrutar de esta experiencia antes. Tengo tanto afecto por la marca, porque no sólo me permite hacer presentaciones más originales e innovadoras, sino porque me ha ayudado a encontrar respuestas a una serie de preguntas que me hacía sobre la naturaleza humana en general y sobre mí mismo en particular.

Para las personas que nunca han sentido ninguna ansiedad frente a un ordenador, tal vez mi descripción les haya parecido un poco exagerada. Sin embargo, situaciones similares aparecen con frecuencia cuando hay que hablar en público, cuando hay que aprender un nuevo idioma o incluso cuando hay que coger un avión.

Quisiera explicar desde un punto de vista médico y enlazando con el capítulo anterior la experiencia que yo tuve, una experiencia de severa incompetencia e incapacidad. Me haría una enorme ilusión que esto pudiera servir de ayuda a cualquier persona que se encuentre en una situación parecida. Es importante que comprendamos lo que nos pasa para poder gestionarlo de una manera adecuada. Si no encontramos palabras para describir eso que nos pasa, nos va a ser más complicado poder gestionarlo.

La sensación de no ser capaz es muy frustrante y puede hacernos sentir avergonzados de nosotros mismos. Si entendemos lo que subyace en ella, no sólo podremos superar esos límites que nos parecen insuperables, sino que nos daremos cuenta de lo capaces que éramos sin ni siquiera habernos percatado de ello.

La reacción que yo tenía al entrar en las tiendas donde vendían este tipo de ordenadores era la consecuencia de la puesta en marcha de mi mecanismo de supervivencia. ¿Cómo lo sé? Porque en medicina sabemos que la puesta en marcha de este mecanismo tiene unos efectos característicos. Entre estos efectos podríamos citar la tensión y la irascibilidad, la misma que experimentaba yo al entrar en aquellas tiendas. Además, se pone en marcha una conducta pasivoagresiva, que lo que significa no es otra cosa que cuando hacemos algo que nos atemoriza, como por ejemplo en mi caso entrar en una de esas tiendas, lo hacemos con enorme resistencia. Otro efecto muy típico de la puesta en marcha de este mecanismo de supervivencia es la necesidad de aislarse, de alejarse, de huir. El lector tal vez se pregunte: ¿por qué se pone en marcha este mecanismo, si nadie me está amenazando? La pregunta es lógica y muy oportuna. Este mecanismo que sólo tendría que activarse cuando mi cerebro captara un peligro para mi integridad física, también se activa cuando mi mente se preocupa de que otros puedan pensar algo negativo sobre mí, lo que ya hemos analizado con extensión anteriormente.

Ahora es importante que entendamos por qué me costaba tanto comprender las explicaciones que me daban sobre el funcionamiento del ordenador. Cuando se pone en marcha el mecanismo de supervivencia, hay un robo de sangre de parte de la corteza cerebral y sobre todo de la parte más anterior de la misma. Por eso me costaba prestar atención, analizar la información y aprender, ya que la corteza prefrontal dorsolateral es esencial en este sentido. Esta parte de tejido nervioso situada en la superficie de los hemisferios cerebrales es fundamental para comprender, para aprender y sobre todo para ver las cosas con la necesaria perspectiva.

Por si la alteración de la corteza prefrontal que se produce al activarse el mecanismo de supervivencia no fuera suficiente, los hipocampos, localizados en los lóbulos temporales del cerebro y que son centros relacionados con la memoria y el aprendizaje, también empiezan a sufrir porque se elevan mucho los niveles de un neurotransmisor llamado glutamato.

Eso, en mi caso particular, estaba dificultando que pudiera recordar mínimamente bien lo que se me enseñaba.

Explicado esto, tenemos que dar un paso más para entender con más profundidad cómo es posible que yo activara mi mecanismo de supervivencia cuando estaba ante un simple ordenador.

Ya hemos visto que los seres humanos ponemos en marcha nuestros mecanismos de alarma no sólo ante los peligros físicos, sino también ante las amenazas para nuestra imagen, nuestro prestigio o nuestra posición. Yo, sin duda y por razones que desconozco, albergaba en mi interior una creencia, la creencia de que «yo no puedo aprender esto». Cuando estas creencias limitantes se activan ante los obstáculos, los retos y los desafíos, sus efectos los experimentamos a través de reacciones fisiológicas, esto es, corporales. En mi caso era la aceleración del pulso, la tensión muscular, el bloqueo, la incapacidad de concentrarme y de aprender. Nuestras creencias limitantes están ancladas en el inconsciente y por eso se manifiestan a través de nuestro cuerpo. Por eso, es precisamente en esos momentos en los que experimentamos reacciones tan intensas cuando tenemos que hacernos esa pregunta fundamental en la que tanto hemos insistido: ¿qué es lo que creo sobre mí mismo o sobre el mundo para sentirme así? Si dedicáramos un poco de tiempo a esta reflexión nos daríamos cuenta de las cosas tan curiosas y sorprendentes que se nos revelan.

Tenemos que comprender algo muy interesante acerca de una estructura fascinante que hay en el cerebro y que se extiende a lo largo del tronco cerebral. Esta estructura es el sistema reticular activador ascendente. Su misión es buscar en nuestro interior o fuera de él aquello que en cada momento cs importante y relevante para nosotros. De alguna manera, es nuestro «rastreador» personal que sigue «las huellas» de lo que nos interesa hasta que lo encuentra. Por eso, cuando a alguien le importa de verdad encontrar la respuesta a una pregunta, cuenta con la ayuda inestimable del SRAA para que lo ayude. Einstein nos decía que lo importante no era encontrar la respuesta a las viejas preguntas, sino hacernos preguntas que no nos hubiéramos hecho antes. Sin duda sabía que las nuevas preguntas empujan a la mente a explorar en nuevas direcciones hasta encontrar aquello que previamente estaba velado.

«Dado que hemos decidido que no vamos a huir, que no vamos a abandonar, la única opción que damos a nuestro cerebro para evitar el dolor es que ponga en marcha su inteligencia y su creatividad para encontrar una solución al problema.»

Vamos a imaginarnos que tenemos una goma estirada entre las dos manos. ¿Siente la tensión en sus dedos por la tracción de la goma? Esa tensión se produce también en nuestra mente cuando nos encontramos en una situación que sentimos que no podemos manejar. Por eso, es posible que experimentemos cierto nivel de frustración y angustia. De ahí suele emerger la tendencia a abandonar para no tener que soportar esa tensión tan desagradable. Si abandonamos en ese momento, al reducirse la tensión también desaparece el sufrimiento, pero tal vez acabemos de dejar pasar una gran oportunidad. ¿Qué sucedería si a pesar de aceptar que no sabemos cómo resolver la situación aguantáramos la tensión? Lo que pasa es que el cerebro no aguanta esa tensión y por lo tanto ha de resolverla como sea. Recordemos que una de las misiones fundamentales de nuestro cerebro es evitarnos el dolor.

Dado que hemos decidido que no vamos a huir, que no vamos a abandonar, la única opción que damos a nuestro cerebro para evitar el dolor es que ponga en marcha su inteligencia y su creatividad para encontrar una solución al problema. Es en ese momento cuando el muro se transforma en una ventana.

Por eso, si el tema es importante, no tire la toalla, no abandone. Pruebe por aquí y por allí. Antes o después se le revelará, como salido de la nada, un camino. Quizá por eso Thomas Alba Edison, la persona con más patentes registradas en la historia, decía que el genio era uno por ciento inspiración y noventa y nueve por ciento transpiración.

6.
Mi gemelo, el miedo

«No es el otro el que constituye un obstáculo a tu libertad. Eres tú mismo. Son las fuerzas en ti existentes que cercan tu conciencia. Ellas son tu verdadero y único enemigo.»

HERVÉ, WALKMAN

Una vez que hemos comprendido tal vez un poco mejor la naturaleza del miedo y su forma de gestionarlo, es importante penetrar más en el origen de algunos de nuestros miedos más profundos y en la relación que tienen dichos miedos con nuestro crecimiento y evolución como personas. Esto puede tener un gran impacto en nuestra vida, porque puede ayudarnos a gestionar mejor la presencia que tiene nuestra historia personal, con sus triunfos y sus fracasos, en la visión que tenemos de nuestro futuro.

Es fundamental que veamos claro que una cosa es lo que ha sido posible para cada uno de nosotros en el pasado y otra muy diferente es lo que puede ser posible para nosotros en el futuro. Las limitaciones que experimentamos en el pasado no tienen por qué proyectarse en nuestro futuro. Sólo si pensamos así podremos ser artífices de nuestro destino. Por eso, para utilizar sabiamente el pasado, en lugar de que sea el pasado el que se valga de nosotros para proyectarse en el futuro, necesitamos dos cosas:

1. Entender la manera en la que imponemos restricciones en nuestra vida.
2. Descubrir algunas estrategias, no fórmulas mágicas, que permitan trasladar esa nueva comprensión adquirida a una acción precisa y efectiva que nos ayude, por una parte, a marcar una diferencia en algún aspecto importante de nuestras vidas y, por otra parte, nos permita tener una influencia positiva en aquellas otras personas con las que interactuamos cada día.

Todos somos conscientes de que la verdadera talla de un ser humano se nos revela en momentos de dificultad, incertidumbre, riesgo y presión. Es en esos momentos en los que la vida nos plantea un desafío, cuando de algunas personas sale lo mejor, mientras que de otras sale lo peor. Si desafiados por la vida con una traición, el desempleo, una enfermedad o una pérdida, no somos capaces de sacar lo mejor de nosotros mismos e influir en los demás para que hagan lo mismo, nos hundiremos como un barco destrozado por la tempestad. Sencillamente, nos vendremos abajo. Además, es en esas situaciones complicadas en las que precisamos sacar lo mejor que hay en nuestro interior, al ser la única manera en la que podemos de algún modo influir en lo que nos está pasando. De nada sirve huir, rechazar o intentar volvernos ciegos a la realidad. La realidad hay que cogerla aunque queme, porque antes o después siempre se acaba imponiendo. Es preciso asumir lo que hay y verlo, aunque sea duro y difícil, como algo que va a forzarnos a estirarnos más allá de lo que muchas veces creemos posible.

**«Todos somos conscientes de que
la verdadera talla de un ser humano
se nos revela en momentos de dificultad,
incertidumbre, riesgo y presión.»**

Me gustaría aquí hacer referencia a uno de los más grandes poetas de lengua alemana de finales del siglo XIX y comienzos del XX llamado Rainer María Rilke. Este autor, de enorme profundidad en sus reflexiones, escribió la siguiente carta a un joven poeta:

«Usted ha tenido muchas y grandes tristezas que han pasado ya. Y dice también que ese pasaje fue arduo y destemplado. Por favor, compruebe más bien si aquellas tristezas no atravesaron por lo profundo de usted; si no cambiaron en usted muchas cosas; si usted, en alguna parte, en cualquier lugar de su ser, no se transformó mientras estaba triste. Solamente son peligrosas y malas aquellas tristezas que se llevan a sofocar entre la gente; como las enfermedades que, tratadas de manera superficial y necia, sólo se retiran para declararse, después de breve pausa, más terribles; y que se acumulan dentro, y son vida, son vida no vivida, desdeñada, perdida, por la que se puede morir. Si nos fuese posible ver más allá del término al que alcanza nuestro saber, y aun algo más allá de las avanzadas de nuestros presentimientos, tal vez sobrellevaríamos nuestras tristezas con mayor confianza que nuestras alegrías. Pues aquellos son momentos en que algo nuevo, algo desconocido ha entrado en nosotros. Cuanto más serenos, sufridos y francos somos en nuestras tristezas, tanto más profunda y decididamente entra en nosotros lo nuevo, tanto mejor lo asimilamos, tanto más será nuestro destino».

Casi todos nosotros tendemos a escapar de aquellas emociones que nos generan dolor, emociones como la tristeza y el miedo. Por eso ponemos en marcha lo que se llaman conductas de evitación, ya que nos impulsan a alejarnos de esas sensaciones tan incómodas. Sin embargo, Rilke nos comenta que son precisamente estas emociones que no nos gustan las que pueden tener un poder transformador en nosotros, porque son las que permiten que lo profundo y mágico que vive dentro de nosotros se vaya haciendo un poco más visible. Cuando lo profundo se hace consciente, toda situación es vista bajo una luz radicalmente diferente. Por eso, si habláramos desde un punto de vista neurológico, hemos de aprender cómo pasar de las conductas de evitación que pone en marcha el hemisferio derecho de nuestro cerebro, a las conductas de aproximación, que son las que surgen del hemisferio izquierdo. No porque seamos personas masoquistas que queramos sufrir, sino porque a menudo el crecimiento y la evolución sólo tienen lugar si abrazamos las tristezas y los miedos que a veces la vida nos envía. Son estas emociones las que muchas veces nos llevan «al límite» y son estas emociones las que también nos descubren que es cuando se llega al límite cuando surge del propio interior la ayuda inesperada, siempre sorprendente pero nunca extraña a nuestro verdadero ser. Cuando tocamos nuestro límite, también entramos en contacto con la sabiduría y la creatividad de lo que es, por su propia naturaleza, ilimitado.

La actitud lleva a la altitud y, por eso, acercarnos al cambio y a la incertidumbre con un espíritu de confianza, curiosidad y fascinación es lo que nos permite encontrar la oportunidad dentro del problema y el crecimiento dentro del desafío. Las emociones dolorosas pueden llevar consigo un regalo, que con frecuencia nos cuesta mucho descubrir.

«Aquel día aprendí una importante
lección y es que los grandes regalos,
al igual que las grandes oportunidades,
pueden presentarse no con ropas
principescas sino con ropas de trabajo.»

Hablando de regalos, hace ya unos años me pasó algo muy simple y a la vez muy curioso. Yo por entonces ejercía todavía la práctica quirúrgica y había operado a un hombre de avanzada edad de un carcinoma de recto. El hombre, que normalmente vestía de una forma muy sencilla, quedó muy contento con el resultado de la operación y me dijo que quería hacerme un regalo. A pesar de que yo le comenté que no tenía por qué hacerlo, él insistió en que quería hacerme un regalo como signo de afecto y agradecimiento.

El día en el que le di el alta médica provisional, y justo antes de marcharse, me dijo:

—Doctor, para usted.

El hombre salió corriendo antes de que pudiera darle ni tan siquiera las gracias. Sobre la mesa de mi despacho, aquel buen hombre había dejado una hoja de periódico vieja y arrugada. Yo me quedé totalmente desconcertado ante el envoltorio del regalo. Lo cogí y me di cuenta de que pesaba muy poco. Llevado por la curiosidad, decidí ver qué era aquello que estaba envuelto en un papel «tan delicado». Lo que descubrí me sorprendió aún más, ya que se trataba de un pequeñísimo baúl de madera con algunos herrajes, viejos y oxidados. Estos pequeños objetos los venden en ciertas tiendas como recuerdos. Miré aquel «fabuloso regalo» con una mezcla de sorpresa y frustración. Lo levanté, lo giré, le di vueltas para un lado y para otro. Aquel objeto que apenas pesaba era además feo y estaba usado. No cabe duda de que, como regalo, aquello era muy mejorable. Entonces lo agarré con la mano derecha como si fuera una bola de tenis y apunté a la papelera, para ver si de un magnífico tiro colocaba semejante «basura» en el lugar que le correspondía. No sé por qué, pero de repente me paré en seco y me di cuenta de que ni siquiera lo había abierto. La verdad es que tampoco habría tenido sentido que lo hubiera hecho, porque pesando tan poco no podía contener otra cosa más que un «valioso gas» llamado aire. No obstante, volví a ponerlo sobre la mesa y lo abrí. Los ojos casi se me salen de las órbitas cuando descubrí lo que había dentro. Enrollados con gran esmero y precisión había un fajo de billetes. Después de contarlos resultó ser una cantidad de ciento cincuenta mil pesetas, que ahora equivaldrían, teniendo en cuenta el tiempo pasado, a unos tres mil euros. Aquel día aprendí una importante lección y es que los grandes regalos, al igual que las grandes oportunidades pueden presentarse no con ropas principescas sino con ropas de trabajo. ¡Cuánta razón tenía Aristóteles cuando dijo que la mente humana era más dada a juzgar que a explorar!

No sólo la tristeza, el miedo y la desesperanza nos invitan a decidir quiénes podríamos ser frente a estos desafíos, sino que perdemos muchas otras oportunidades para crecer y evolucionar porque no somos capaces de ver el valor en lo pequeño, ni la grandeza en lo sencillo. No somos nada conscientes de lo mucho que necesitamos liberarnos de todos esos prejuicios de cómo las cosas y las personas deberían ser. De todos esos juicios y de todas esas etiquetas que hemos ido acumulando a lo largo de nuestra vida y que no dejan que nos sorprenda lo extraordinario que hay encerrado en lo ordinario.

El filósofo Thomas Hobbes escribió: «Mi madre parió gemelos, al miedo y a mí». Su madre dio a luz prematuramente al enterarse de que la Armada Invencible, mandada por Felipe II contra la reina Isabel de Inglaterra por su apoyo al protestantismo, se acercaba a las costas británicas.

Yo no puedo mostrar con evidencias claras de dónde venimos, lo que sí creo es que cuando entramos en este mundo con nuestro gemelo, el miedo, se forman en nosotros una serie de creencias muy curiosas. La primera de estas creencias la experimentamos como si hubiera algo que fuera profundamente inadecuado en nosotros. La segunda de estas creencias sería que el mundo es un lugar peligroso, y la tercera y última es que estamos completamente solos.

Algo hemos de hacer para superar esos sentimientos tan terribles de vulnerabilidad y de desamparo. Considero que es a partir de esa experiencia de pequeñez, y de soledad, cuando empezamos a desarrollar una estructura mental que se denomina ego. El ego ha de ayudarnos a lograr varias cosas:

1. Olvidar, ocultar o sobrellevar como sea nuestra percepción de fragilidad.
2. Superar de la mejor manera posible nuestra sensación de insignificancia y soledad.
3. Ayudarnos a sobrevivir en un mundo percibido como separado de nosotros y hostil.

De aquí podrían partir tanto nuestra necesidad de buscar el control y la seguridad, como nuestra obsesión por aparecer como seres valiosos a los ojos de los demás, y también nuestra inclinación a pertenecer a un grupo, a una colectividad.

Si verdaderamente nos sentimos tan frágiles y tan solos en medio de un mundo peligroso, no es de extrañar que nuestra vida esté llena de miedo y de tensión. Tal vez también de ahí emerja esa marcada obsesión por dominar y por evitar ser dominados que está en la base de muchos conflictos humanos y de todo comportamiento violento.

La importancia de convertirnos en observadores diferentes de la realidad es enorme, ya que vamos a comportarnos de acuerdo a lo que estamos percibiendo en cada momento. Si consiguiéramos darnos cuenta de hasta qué punto nuestra manera de prestar atención afecta a nuestra vida y a la de los demás, posiblemente tomaríamos decisiones muy diferentes de las que muchas veces tomamos.

Voy a contarle, querido lector, un cuento que escribí hace unos años, en un intento de transmitir lo que acabo de comentar. A este cuento lo titulé «El príncipe junco».

Érase una vez un reino cuyos habitantes se sentían muy felices con el joven príncipe que los gobernaba. Aunque el príncipe no era bello, su rostro era adorable. Sus pequeños ojos oscuros lo miraban todo como si estuvieran a punto de hacer un sorprendente descubrimiento. Su cuerpo tampoco era robusto, sino un tanto escuálido y de aspecto frágil, lo cual, unido a su gran agilidad, hizo que sus súbditos lo apodaran con cariño el príncipe junco.

De todas sus cualidades, era su gran humanidad la que con especial intensidad resaltaba. El príncipe siempre comprendía y siempre ayudaba. Tal era su devoción por su pueblo, que un día en el que una niña se puso gravemente enferma envió a su médico personal a visitarla día tras día, hasta que finalmente se hubo curado.

Pero algo extraño ocurrió para que súbitamente aquellos años llenos de alegría se esfumaran como si fueran de tenue humo. El mismo día en el que el príncipe cumplía treinta años contrajo una extraña dolencia que lo mantuvo durmiendo durante tres largos años. Al despertar, algo muy profundo en su interior se había transformado. Su rostro reflejaba una extrema palidez y su cuerpo estaba ahora rígido y encorvado. Ya no parecía un junco sino un viejo árbol, seco y herido. El que antes era querido por su generosidad y simpatía se volvió egoísta, déspota y huraño. El príncipe consideraba cualquier petición de ayuda una muestra de debilidad y la castigaba duramente. Su desprecio hacia los comentarios de los demás llegó a tal punto, que se colocó unas gruesas orejeras de piel de oso para no escuchar ni tan siquiera el murmullo de aquellos que sin duda lo criticaban.

La sorpresa de los habitantes de aquel reino se convirtió con el paso del tiempo, primero en miedo y después en el más profundo odio.

—¡Hemos llegado al límite! Nuestro cruel príncipe ignora todas las peticiones y súplicas que le hacemos y nos hace pagar impuestos abusivos. ¡Ha llegado el momento de tomar cartas en el asunto!

Quien así hablaba era un hombre de gran estatura cuyos ojos reflejaban toda la ira que sentía.

—Hans, ¿acaso tendrás tú el valor de acabar con él sabiendo que te arriesgas a perder la vida?

Hans, tomando entonces la palabra, se dirigió a los allí congregados.

—Escuchadme bien, hay en la guardia personal del príncipe un soldado que puede estar dispuesto a ayudarnos, si le pagamos una sustanciosa cantidad de dinero. Tiene un plan que no puede fallar y que tampoco hará sospechar a nadie, porque quien dará fin al príncipe no será ningún hombre, sino los grandes lobos grises. Todos sabéis que el príncipe es muy aficionado a cazar en el bosque de plata. Nuestro cómplice hará que el príncipe no pueda salir del bosque hasta que caiga la noche. Serán entonces los lobos los que darán buena cuenta de él y para siempre.

En un rincón de aquella sala una mujer callaba pero no olvidaba, ya que ella era aquella niña que una vez, años atrás, cayera enferma. Recordaba con claridad todos los cuidados y el esmero con el que fue tratada por el médico de su majestad y el precioso caballito gris de crin blanca que había encontrado a la salida de su pequeña casa, un regalo del príncipe para que pudiera olvidar los duros momentos pasados.

Al amanecer del siguiente día, el príncipe al despertarse estaba de nuevo muy malhumorado.

—Gastón, ensilla mi caballo; hoy saldré a cazar porque estoy terriblemente aburrido. Me divertiré clavando mis flechas en el primer animal que encuentre.

—Sí, mi príncipe, inmediatamente llamo a la guardia para que se prepare.

Diez soldados bien armados salieron detrás del príncipe, que portaba en su cabeza una de sus más espléndidas coronas. El príncipe miraba de reojo las caras de envidia de aquellos humildes hombres que lo veían pasar al galope por las calles de la ciudad.

Después de dos largas horas, llegaron al bosque de plata y se adentraron en su gran espesura. De momento, ningún animal parecía ponerse a tiro de aquel hábil arquero. Súbitamente, saliendo de detrás de un enorme árbol, un hombre a caballo y con el rostro cubierto le arrebató al príncipe su corona.

—¡Cogedlo, no dejéis que escape, me ha robado mi más preciada corona!

La guardia en pleno salió tras el ladrón intentando alcanzarlo. Pero, aprovechando la confusión, el soldado que había traicionado a su príncipe, con el pretexto de quedarse para velar por la seguridad de su soberano, se puso detrás de él y lo golpeó en la cabeza, ahuyentando acto después al caballo del príncipe.

El traidor rápidamente salió al encuentro de los restantes soldados de la guardia, a los que encontró cuando regresaban tras haber dado caza y matado al ladrón al que perseguían.

—El príncipe se ha cansado de esperar y me ha dicho que se volvía solo a palacio. Más vale que nos vayamos ya, porque sabéis a la velocidad a la que galopa.

Sin pensarlo dos veces, la guardia creyó lo que aquel traidor les había dicho y salió del bosque llevando el cuerpo sin vida de Hans y dejando atrás sin saberlo a su príncipe, solo y herido.

—¿Qué me ha pasado?, ¿dónde estoy?

Poco a poco, el príncipe fue recobrando la lucidez y descubrió con horror que estaba perdido y era de noche. Se puso a caminar sin rumbo fijo cuando de repente oyó algo que parecía un gruñido.

—¡Lobos!

Su cuerpo se había quedado paralizado por el miedo. A escasa distancia, unos ojos amarillos lo miraban con intensidad y se acercaban. El príncipe alzó los ojos al cielo para contemplar por última vez las estrellas.

—¡Rápido, por aquí, subid al caballo!

En un instante el sorprendido príncipe se vio en la grupa de un precioso caballo gris con crin blanca montado por una mujer y habiendo escapado por segundos de haber sido devorado por los temibles lobos grises.

Durante un tiempo que parecía interminable galoparon por el interior del bosque hasta llegar a un claro.

—Encenderé un fuego y así ningún animal se acercará —le dijo la mujer al príncipe, que todavía estaba perplejo.

—¿Quién eres? ¿Qué haces aquí? ¿Por qué me has ayudado?

—Yo soy una ninfa del bosque —contestó la mujer, evitando revelar que, sabedora del complot para acabar con su vida, había seguido a Hans para malograr sus planes.

—No sé qué es una ninfa del bosque; por favor, dímelo.

—Una ninfa es una mujer que tiene el poder de descubrir aquello que está oculto. Por eso pude saber que estabais en el bosque sin que nadie me lo revelara.

El príncipe escuchaba fascinado aquello.

—Ninfa, si es cierto lo que dices, tal vez tú seas la única que pueda ayudarme a desvelar un terrible misterio.

—Decidme, príncipe, aquello que tanto os intriga.

—¿Cómo sabes que soy un príncipe?

—Ya os lo dije, las ninfas conocemos lo que para otros es desconocido.

—Es verdad, ya lo había olvidado. Necesito que me ayudes a entender lo que tanto me ha transformado.

—Contadme, señor, os escucho con atención.

—Verás, ninfa, hace ya muchos años, cuando yo era joven, casi un niño, sentía un gran amor por las personas y siempre me llenaba de gozo cuando las ayudaba a recuperar su salud o su sonrisa. Pero algo me ocurrió cuando cumplí treinta años y al parecer dormí durante tres años más. Al despertarme todo había cambiado. Empecé a ver el egoísmo de los demás, sus defectos, sus ingratitudes y sus intrigas, y dejé de sentir amor hacia ellos. Conforme pasaba el tiempo menos soportaba a los otros y empecé a utilizar mi poder para hacerlos sufrir. Yo sé que ahora todos mis súbditos me temen y eso ha hecho que hasta hoy me sintiera seguro, aunque no puedo ocultarte, hermosa ninfa, la amargura que hay en mi corazón. Si pudiera averiguar qué ocurrió en aquel largo y siniestro sueño que hizo desaparecer aquel hermoso espíritu de juventud, quizá pudiera recuperar esa felicidad que antes tuve y que ahora es sólo un vago recuerdo.

—Príncipe, si me contarais vuestro sueño, tal vez yo pudiera penetrar en su significado.

—En mi sueño iba a caballo cuando oí con perfecta claridad un grito de auxilio. Dirigí mi caballo hacia el lugar de donde procedía aquel grito y vi que un pobre anciano estaba hundiéndose en arenas movedizas. Como yo no tenía ninguna cuerda, intenté usar la rama de un árbol para llegar hasta donde él estaba, pero todo fue en vano y la arena se lo tragó ante mis propios ojos. Sentí una pena inmensa y me reproché a mí mismo no haber sido capaz de salvarlo. Cabalgaba con la cabeza hundida entre los hombros cuando mi caballo bruscamente se paró. Frente a mí había un hombre con una capucha y una capa que lo envolvía por completo. Al principio pensé que era un monje y me disculpé por haberlo asustado con mi caballo.

»—¿Por qué estás tan triste? —me preguntó.

—Yo le expliqué lo que me había pasado y para mi sorpresa él insistió en lo absurdo que era que yo estuviese tan abatido. Me dijo que el hombre que las arenas movedizas se habían tragado, sólo era un anciano y que suya era la culpa por no haber tenido, siendo alguien tan mayor, un poco más de cuidado. Al oír aquello, la verdad es que sentí un gran alivio, casi como si alguien me hubiera quitado un gran peso de los hombros. Entonces seguí cabalgando y me encontré con una joven que llevaba una carga de leña demasiado pesada para ella. Estaba a punto de bajarme del caballo para ayudarla, cuando aquel extraño ser encapuchado apareció de nuevo entre ella y yo y me hizo ver con claridad que si ella cargaba tanta leña era porque quería y que, además, para eso estaban sus hermanos, para ayudarla. Entonces entré en mi reino y vi a un niño enfermo que me miraba, aquella mirada me molestó, porque para entonces, y ya sin el sabio consejo de mi amigo encapuchado, estaba claro que si aquel niño estaba enfermo era porque no se cuidaba lo suficiente. Eso es lo último que recuerdo, después me desperté y empecé a verlo todo diferente. ¿Qué opinas ninfa, crees que todo esto tiene algún sentido?

—Señor, pienso que en vuestro sueño aprendisteis a callar la llamada de vuestro corazón con la fuerza de vuestro intelecto. Vuestro corazón está hecho de amor y su peor enemigo es el miedo. Es el miedo el que, disfrazado de encapuchado, apareció en vuestro camino y el que adormeció vuestro corazón para hacerlo insensible a las necesidades de otras personas. Para garantizar que vuestro corazón no despertara utilizó a vuestro poderoso intelecto para que encontrara razonamientos y justificaciones que impidieran responder a las peticiones de ayuda que os hacían los demás. Cuando despertasteis, vuestro intelecto tuvo que esmerarse para buscar los fallos, las mezquindades y defectos en las otras personas, para así poder justificar el no ayudarlas. Por eso perdisteis la alegría y por eso vuestro cuerpo está encorvado como un tronco abatido por un rayo. Príncipe, yo no soy una ninfa, tan sólo una mu-

jer que vive porque cuando de niña estuvo enferma le expre-
sasteis vuestro amor. El caballo que me regalasteis entonces
es el que ha salvado hoy vuestra vida, como vos salvasteis la
mía muchos años atrás. Ningún acto de amor queda jamás
sin recompensa y el amor es un sentimiento, pero también
es una elección de nuestro corazón. Yo elegí seguir amando
aunque el resto del mundo os rechazara y, sabedora del complot que habían tramado contra vos, decidí arriesgar mi vida,
porque para mí una vida sin amor no es vida.

El príncipe al oír aquellas palabras empezó a notar cómo
algo despertaba en su interior. Un gozo enorme lo desbordó y
su mente se abrió para que pudiera comprender con una claridad hasta entonces desconocida el alcance de la palabra amor.

Hoy aquel reino es de nuevo un lugar de abundancia y
de alegría. En el centro de la ciudad se eleva la estatua de un
príncipe y su princesa. Ellos ya no están en este mundo, pero
una frase en el pedestal, «ellos eligieron amar», nos recuerda a
los viajeros que vamos a contemplarla los milagros que todos
podemos llegar a crear a través del amor.

7.

Lo mejor y lo peor

«Gobierna tu mente, o ella te gobernará a ti.»

HORACIO

No deja de sorprenderme la manera en la que en determinadas ocasiones sale lo mejor de nosotros, mientras que otras veces lo que sale es justo lo contrario, lo más bajo, lo más mezquino, la «parte oscura» que se encuentra agazapada en algún lugar de nuestro interior.

Cuando sale lo mejor que hay dentro de nosotros, nos convertimos en unos observadores diferentes de la realidad. Es como si al haber cambiado nosotros todo aquello con lo que nos relacionamos también cambiase.

Si yo fuera un ciervo en medio de una selva, me relacionaría de una forma muy diferente con esa selva que si fuera un tigre. Lo que asusta a un ciervo no es lo mismo que lo que asusta a un tigre. Aquello de lo que se siente capaz de hacer el ciervo no es lo mismo que aquello de lo que se siente capaz de hacer un tigre. Ninguno de los dos es mejor que el otro y, sin embargo, el hecho de que sean seres distintos hace que perciban el mismo mundo de una manera muy diferente. A nosotros los seres humanos nos pasa algo que no le ocurre ni al ciervo ni al tigre. De alguna manera, ambos viven una realidad determinada por la naturaleza que poseen. Su comportamiento está dirigido por sus instintos, los cuales intentan proveerlos de las mayores posibilidades para que puedan sobrevivir y procrear. El ciervo es herbívoro, mientras que el tigre es carnívoro y depredador, y esto no puede ser alterado porque se opone a su esencia, aquello que hace que sean lo que son y no otra cosa diferente. Sin embargo, a los seres humanos nos ocurre algo muy curioso y singular, que tiene unas enormes consecuencias en nuestra vida. Y todo esto que nos ocurre es consecuencia de que tenemos libertad. No hablo de la libertad simplemente para movernos de un sitio a otro, sino de una libertad interior; de una capacidad de elegir más allá de lo que nos dicen los instintos.

Viktor Frankl describió así su experiencia en el campo de concentración de Auschwitz:

«Nosotros, que vivimos en los campos de concentración, podemos recordar aquellos hombres y mujeres que entraban en los barracones confortando a otros y dándoles su último pedazo de pan. Puede que hayan sido pocos en número, pero son la prueba suficiente de que a un ser humano se le puede arrebatar todo menos algo: la última de las libertades humanas, elegir la propia actitud en cualquier circunstancia, elegir el propio camino».

Los seres humanos estamos sin duda muy influidos por nuestros instintos, pero no estamos determinados por ellos. Esto tiene la enorme ventaja de que podemos ser dueños de nuestras decisiones y tiene sin duda también el riesgo de que podemos equivocarnos precisamente al tomar esas mismas decisiones.

Todo ente que vive en la naturaleza tiene lo que se llama un ser. El ser es lo que hace que ese ente exista. Todos compartimos en mayor o menor grado ese ser, que es el que nos da la existencia. El ser que habita en nosotros es fuente de sabiduría, de creatividad, de bondad y de belleza. Por eso es por lo que considero que hay que ser tan respetuoso con la naturaleza, porque todos, al nivel del ser, constituimos una unidad. Empezar a entender esto hace que no basemos nuestra relación con la naturaleza en un simple deseo de manipularla, controlarla y dominarla, sino que podríamos relacionarnos con ella de una forma mucho más creativa.

Sin embargo, ese ser del que hemos hablado se encuentra en cierta medida cubierto, tapado en todos los entes y, por tanto, también en nosotros, las personas. La vida es la oportunidad que todos tenemos para que ese ser cada vez esté más presente en nuestro caminar. De esta manera es como vamos creciendo y evolucionando hasta alcanzar nuestra plenitud.

A medida que ese ser que vive en nuestra profundidad se va desplegando más y más a través de las capas de nuestra personalidad, cuando miramos al mundo empezamos a ver fundamentalmente un amplio campo de juego y un enorme mundo de posibilidades y de oportunidades. Nuestra vida se llena de agradecimiento y de celebración, y es esa forma particular de observar la que nos invita a movernos hacia aquello que vemos como algo que ofrece un valor añadido a nuestra vida.

Sin embargo, hay veces en que nuestro egoísmo, nuestro alejamiento de valores trascendentes y nuestra falta de interés por los demás hacen que esa fuente de abundancia que es nuestro ser permanezca dormido. Entonces, cuando miramos al mundo, contemplamos un espacio lleno de trampas, de dificultades y de peligros. Eso hace que estemos permanentemente en estado de alarma, tensos y sin un momento para relajarnos y disfrutar. Sin duda, esto es algo que puede llevarnos no sólo a vivir asustados, sino también a enfermar.

Dado que la realidad es un conjunto infinito de posibilidades, yo puedo relacionarme preferentemente con aquello que es difícil, incómodo y molesto y sentirme continuamente expuesto a peligros y por lo tanto vulnerable, o puedo relacionarme con aquello que me invita a crecer y a evolucionar. Si bien es cierto que todo está en la misma realidad, no es menos cierto que yo puedo fijarme y llevar mi atención exclusivamente a la parte más dura y difícil de mi existencia. Si así lo hago, mi vida se llenará de resentimiento, frustración y desesperanza. Si, al contrario, soy capaz de ver lo de atractivo y valioso que hay en la vida, aunque existan dificultades y retos, no caeré en la sensación de impotencia o de desesperanza en la que se cae tan fácilmente cuando uno sólo se enfoca en lo que teme, en aquello que puede salir mal o en aquello que parece inaccesible.

Nosotros podemos elegir el tipo de personas que queremos ser en cada momento y esto va a afectar al mundo que podemos llegar a percibir.

En una ocasión, la Madre Teresa de Calcuta tenía entre sus brazos a un enfermo de sida que se estaba muriendo. Había varias personas que habían llegado de Europa para conocer la labor de la Madre Teresa. Cuando una de estas personas vio que la Madre Teresa le daba al moribundo un beso en la mejilla justo antes de que muriese, exclamó:

—¡Yo no haría eso ni por un millón de libras!

La Madre Teresa la miró y le dijo:

—Yo tampoco lo haría.

No cabe duda de que, cuando afloran esa bondad y esa belleza que todos tenemos, las cosas se ven de forma diferente y somos capaces de hacer con alegría lo que de ninguna forma haríamos si eso mismo lo viéramos desde otra perspectiva. De eso se trata precisamente, de que cuando miremos en una determinada dirección en nuestras vidas, en lugar de ver sólo muros, barreras, obstáculos y limitaciones, veamos ese campo de juego en el que utilizando nuestros talentos, nuestras capacidades y nuestros recursos, no sólo alcancemos las metas que perseguimos, sino que además disfrutemos en el proceso. Cada uno de nosotros puede ser en cada instante de su vida una persona que con las cartas que le han tocado juega su mejor juego o también podemos ser una persona que, le toquen las cartas que le toquen, siempre jugará una pobre mano.

Esta tarea de aflorar nuestro verdadero ser no es fácil, y sin embargo sí es posible aunque requiera de nosotros un enorme compromiso. Como veremos más adelante, son aquellos valores, que nos dirigen hacia nuestra plenitud, los que a base de practicarlos una y otra vez se convierten en virtudes. Son estas virtudes las que tienen el poder de hacer emerger en nosotros esa extraordinaria realidad que somos y que muchas veces permanece oculta bajo capas de ignorancia y de miedo.

Un primer paso que podemos dar es abrirnos con humildad y con entusiasmo a la idea de que dentro de todos nosotros, seamos ricos o pobres, estemos sanos o enfermos, tengamos un trabajo maravilloso o no tengamos trabajo, hay algo de extraordinaria grandeza, algo que viene determinado no por lo que tenemos, sino por lo que somos. Esto hará que nos respetemos mucho más y que no nos empequeñezcamos ni nos humillemos a nosotros mismos cuando nos encontremos en circunstancias difíciles. Esta visión de lo que todos somos, no sólo puede inspirarnos, sino que también puede sobrecogernos.

En una ocasión di un curso en una escuela de negocios para un equipo de directivos de una empresa. Muchos de ellos estaban pasando por un momento delicado. Hicimos un sencillo ejercicio para conectar con nuestro ser interior. Al final del ejercicio, una participante estaba llorando. Sus compañeros la miraron con inquietud y no sabían muy bien qué hacer para consolarla. Jamás olvidaré sus palabras:

—Tranquilos. No estoy llorando de tristeza, sino de alegría, he experimentado por primera vez tal cariño por mí misma que lo único que deseo es abrazarme.

Aquella mujer excepcional había tocado algo que era parte de su verdadera naturaleza y que le había hecho sentir toda su grandeza y su hermosura. Esa experiencia tuvo para ella un carácter transformador.

«Un primer paso que podemos dar es abrirnos con humildad y con entusiasmo a la idea de que dentro de todos nosotros, seamos ricos o pobres, (…) hay algo de extraordinaria grandeza, algo que viene determinado no por lo que tenemos, sino por lo que somos.»

A partir de aquí podemos hacernos algunas preguntas que nos permitan ahondar un poquito más en esa realidad que es el ser y que no por no poderse tocar, medir y pesar deja de tener presencia. Una realidad como el ser no tiene unos contornos fijos y limitados, y por eso con frecuencia las palabras para describirlo no hacen verdadera justicia a su naturaleza. Sin embargo, con humildad y con entusiasmo, sí podemos conocer parcialmente algunos de sus atributos.

¿Qué es lo que determina que ese ser, que es fuente de sabiduría, creatividad, belleza y amor, se manifieste con más intensidad en nuestra vida? ¿Hasta qué punto podemos nosotros controlar el proceso de forma consciente y voluntaria?

Lo primero que quisiera destacar es que hay cosas que dificultan esa mayor presencia del ser en nuestra vida. Por un lado está la arrogancia y la autosuficiencia. Esto hace que rechacemos muchas realidades que se nos escapan, sencillamente porque científicamente no podemos demostrarlas. Como no las vemos, negamos que existan. Esto no es una llamada a convertirse en una persona crédula que toma por cierto todo lo que se le dice, sino que es una propuesta para mantener nuestra mente abierta a la hora de explorar con curiosidad aquello con lo que muchas veces nos encontramos y que con frecuencia resulta inesperado y sorprendente. ¿No le ha pasado nunca encontrarse en una situación muy difícil y que de repente hayan salido de usted unas capacidades físicas o mentales extraordinarias? ¿De dónde ha salido eso? Decía Albert Einstein: «En la vida o nada es un milagro, o todo es un milagro».

Los niños pequeños, de manera natural aunque no consciente, están mucho más abiertos a la verdadera dimensión de la realidad, tal vez porque su mente todavía no ha empezado a poner etiquetas. Por eso ven en una caja de cartón un coche, un barco, una casa y tantas otras cosas más, mientras que la mayoría de los adultos sólo vemos un objeto, una caja de zapatos, en lugar de un ámbito, un campo de juego, como explica tan maravillosamente el catedrático de Estética D. Alfonso López Quintás.

> «Sólo un compromiso firme
> y una paciencia llena de confianza
> evitarán que abandonemos antes de
> completar el proceso de aprendizaje.»

Si no recuperamos esta capacidad de ver lo extraordinario en lo ordinario y lo curioso en lo aparentemente ya conocido, no seremos capaces de relacionarnos con la realidad de una forma mucho más apasionante. Si lo que más nos importa es defender nuestra opinión de las cosas en lugar de explorar lo que hay delante de nuestros ojos, no podremos ser el tipo de investigadores que el mundo precisa y reclama. Todos los científicos que una vez que hicieron un descubrimiento importante se aferraron a su teoría, fueron después algunos de los críticos más duros con otras teorías que mostraban nuevos aspectos de la realidad y que en cierta medida ponían en tela de juicio sus propios descubrimientos. Yo sé que es muy difícil tener la suficiente humildad para abrirse a lo nuevo, especialmente cuando consideramos que esto nuevo puede poner en peligro algo que nos ha llevado mucho tiempo lograr. Sin embargo, no hacerlo lleva a que la vida nos deje atrás. No es fácil que pueda existir un verdadero progreso, ni un despliegue del ser, si no hay una mínima apertura mental. Voy a poner un ejemplo personal sobre lo que acabo de decir.

Yo soy de una generación de cirujanos en que se hacía énfasis en la importancia de realizar unas incisiones amplias para poder operar bien. Quien no hacía estas incisiones amplias era mirado con cierta sospecha, como si no fuera un cirujano que actuara de una manera correcta. Recuerdo muy bien la famosa frase: «Grandes cirujanos, grandes incisiones». No es de extrañar que luego a los enfermos les costara tanto levantarse de la cama.

Cuando la cirugía laparoscópica empezó a abrirse camino, una serie de cirujanos de prestigio mundial la atacaron con gran dureza, ya que iba en contra de todo lo que se había considerado el estándar de la cirugía hasta entonces. En cirugía laparoscópica se hace una pequeña incisión en el abdomen por la que se introduce una cánula que esta conectada a una bomba de CO_2. De esta manera, se logra que la cavidad abdominal se expanda y entonces, cuando hay esa cámara de gas que separa las vísceras digestivas de la piel del abdomen, se pueden introducir una serie de trócares con punta para perforar la piel y la pared abdominal. A continuación, y a través de estos trócares que tienen la forma de un pequeño tubo, se introduce primero una minicámara de televisión y después una serie de instrumentos quirúrgicos largos y finos, que son los que permiten realizar la intervención. El cirujano puede entonces mover esos instrumentos dentro de la cavidad abdominal observando todos sus movimientos a través de un monitor de televisión, que recoge las imágenes que la minicámara colocada en el interior de la cavidad abdominal está captando. Actualmente, la cirugía laparoscópica, al menos la del aparato digestivo, no sólo se ha hecho un hueco importante, sino que además es una de las tecnologías más útiles y extendidas cuando se quiere, por ejemplo, operar una vesícula con cálculos o una hernia de hiato con reflujo gastroesofágico. Muchos de los cirujanos que se resistieron a aprender esta nueva tecnología, con el paso del tiempo se quedaron fuera de juego, porque son los propios pacientes los que solicitan este tipo de intervención, al permitirles tener menos molestias y reintegrarse antes a sus actividades cotidianas.

Mis comienzos en cirugía laparoscópica no fueron sencillos en absoluto. Tengamos en cuenta que, como había que operar a través de un monitor de televisión, sólo se podía ver en dos dimensiones. ¡Imagínese el lector lo que implica que en una intervención quirúrgica nos quiten la tercera dimensión, la que nos permite ver la profundidad! Además, como se opera desde fuera de la pared abdominal, no se pueden introducir las manos para tocar los órganos. Los cirujanos usamos nuestras manos no sólo para realizar cortes y suturas, sino también para palpar los órganos, sus anomalías y sus relaciones con otras estructuras. Además, en la cirugía laparoscópica los instrumentos son distintos y, al manipularlos con un punto de sujeción en la pared abdominal, se mueven de una manera diferente de como se mueven los instrumentos convencionales.

Para empezar a entrenarnos en cirugía laparoscópica comprábamos una caja de metacrilato cuya cara superior era de goma e introducíamos los trócares a través de dicha cara. En el interior de la caja, colocábamos una moneda y mirando el monitor de televisión intentábamos coger la moneda con los instrumentos. Aquello era un infierno, porque no había manera de coger aquella simple moneda. Los niveles de frustración eran enormes. Después de dominar la «técnica de la moneda», pasábamos a los minicerdos, que son unos cerdos enanos, con el fin de aprender a extirparles la vesícula biliar, ya que es anatómicamente muy similar a la humana. Recuerdo una ocasión, en un curso de cirugía biliar laparoscópica, en que estaba operando a un minicerdo y me sentía entusiasmado ante mi supuesta habilidad extirpándole la vesícula. Al terminar la intervención, cuál no sería mi sorpresa cuando compruebo horrorizado que me había llevado no sólo la vesícula, sino también el duodeno. Mi gozo en un pozo, lo cual significa experimentar grandes niveles de frustración y de vergüenza. Poco a poco fui avanzando, y cuando dominé la extirpación de vesículas en minicerdos, empecé a ayudar a expertos en cirugía laparoscópica. Sólo pasados muchos meses, aprendí realmente la técnica y me sentí verdaderamente cómodo con ella. Algunos cirujanos, como ya comenté al comienzo, rechazaron la técnica. Muchos otros cirujanos abandonaron en el proceso, porque no es fácil, cuando algo se hace bien y se domina, volver a convertirse en alumno, declarar que no sabes y empezar a recorrer la dura curva del aprendizaje. Un proceso donde primero te vas familiarizando con el procedimiento y luego, poco a poco, te vas volviendo cada vez más competente.

Los cambios que actualmente vivimos nos obligan a realizar ajustes muy drásticos en nuestra vida y a aprender cosas frente a las cuales muchas veces nos sentimos torpes e inexpertos. Sólo un compromiso firme y una paciencia llena de confianza evitarán que abandonemos antes de completar el proceso de aprendizaje.

8.
La botella medio llena
y la botella medio vacía

«Una vez había un ciervo muy elegante que admiraba sus cuernos y odiaba sus horribles patas. Pero un día llegó un cazador y las horribles patas del ciervo le permitieron correr y salvarse. Más tarde, los hermosos cuernos se le enredaron en la maleza y, antes de que pudiera escapar, fue alcanzado por un tiro.»

SAMANIEGO

Como hemos visto, dentro de cada uno de nosotros está ese ser que cuando ilumina con más intensidad nuestra existencia, hace que nuestras vidas expresen mucha mayor sabiduría, creatividad, energía y bondad. Con frecuencia vivimos parcialmente alejados de ese ser que nos llama a alcanzar nuestra plenitud, porque quedamos atrapados en una serie de ideas y de creencias profundas, que contribuyen no pocas veces a que tengamos una imagen distorsionada de nosotros mismos. Por eso, urge darse cuenta de la manera en la que algunas de estas convicciones que tenemos acerca de nosotros mismos y del mundo pueden estar configurando nuestra mentalidad y moldeando nuestra personalidad. Cuando somos un poco más conscientes de estos factores que de manera sutil pugnan por controlar nuestra vida, podemos hacer algo, si así lo elegimos, para empezar a contrarrestarlos.

Una de las creencias más dañinas que puede poner en marcha nuestra mente cuando no está iluminada por nuestra consciencia, es la que da lugar a la percepción de «la botella, medio vacía». Hay muchas personas que no son conscientes de hasta qué punto una forma determinada de pensar acerca de ciertas cosas puede acarrearles un importante sufrimiento. No es que de forma voluntaria decidan ver las cosas de esta manera, sino que muy al contrario, son arrastradas por algunas de estas creencias disfuncionales y limitantes, a ver las cosas así. Además, son arrastradas de una forma tan rápida que no les da tiempo ni tan siquiera a darse cuenta de lo que les está pasando. Sabemos que donde ponemos la atención van nuestras emociones, va nuestra energía, y se hace siempre más real para nosotros. Por eso, cuando sólo se ve «la botella, medio vacía» es porque nuestra atención en un instante se ha enfocado precisamente en este aspecto de la vacuidad de la botella. Esto impide que nos demos cuenta de que la misma botella ofrece simultáneamente dos realidades diferentes: la mitad, medio vacía, y la otra mitad, medio llena.

Una persona que esté afectada por esta manera de ver las cosas nunca va a sentirse plenamente satisfecha con nada ni por nada. Si, por ejemplo, durante una venta consigue un buen precio por su producto, se sentirá rápidamente insatisfecha cuando empiece a darle vueltas una y otra vez al pensamiento de que seguramente podía haber conseguido, con un poco más de astucia, un precio todavía más elevado.

Si esa misma persona obtiene éxito en algo y consigue una distinción académica, enseguida se dará cuenta de que no es la única persona que ha tenido éxito en ese mismo campo. Como consecuencia, el triunfo conseguido empezará a perder importancia y su entusiasmo inicial se desinflará como si fuera un globo que poco a poco va perdiendo el gas que lo eleva. Si, por otra parte, esa misma persona, a base de entrenarse, practicar y practicar, mejora en el desarrollo de cierta capacidad, sea hablar en público o jugar a un determinado deporte, verá con mucha más claridad lo que le queda por conseguir que lo que ya ha logrado.

Este tipo de hábito mental pernicioso tiene muchas consecuencias negativas y la principal es que no hay un reconocimiento sano de lo que se va logrando en la vida. Ello lleva a experimentar la sensación de que se haga lo que se haga nunca va a ser suficiente. Se trata, por tanto, de una creencia que genera a su vez un hábito de pensamiento, el cual va metiéndonos en una espiral negativa que puede finalmente conducirnos a la desesperanza.

Hablando de esto, me viene a la cabeza el mito griego de Sísifo.

Sísifo encolerizó al dios Zeus, el cual decidió por ello casti-
garlo duramente. El castigo al que lo sometió Zeus no fue
un castigo físico, sino un terrible castigo mental. No demos
por hecho que los castigos mentales son de rango inferior a
los castigos físicos. Zeus en esto no destacaba precisamente por su compasión, y siempre era muy selecto a la hora
de dar vueltas a su cabeza hasta encontrar la venganza más
cruel para sus enemigos. Tomemos, por ejemplo, el caso de
Prometeo, que encolerizó a los dioses al revelarles a los hombres el secreto del fuego. Zeus lo encadenó y todos los días
visitaban a Prometeo unas águilas que se comían su hígado.
El astuto Zeus conocía, como conocemos los médicos, la capacidad extraordinaria que tiene el hígado para regenerarse,
y por eso, cuando al día siguiente volvían las águilas, no se
encontraban con un Prometeo muerto, sino con un Prometeo vivo y con un hígado entero, esperando a ser devorado
de nuevo.

Zeus eligió para Sísifo un durísimo castigo. Sísifo tenía
que empujar una enorme piedra de forma redonda desde la
base de una colina hasta la cima de esa misma colina. Cuando, con gran esfuerzo, Sísifo ya había logrado llevar aquella
pesada carga hasta la cima de la colina, de una forma misterio-
sa, la piedra caía de nuevo y rodaba hasta quedar exactamente
en el mismo lugar, en la base de la colina, desde donde Sísifo había empezado a empujarla. De nuevo, Sísifo tenía que
empujar la piedra hacia lo alto de la colina para ver otra vez
cómo caía, y así una y otra vez.

¿Cómo nos sentiríamos nosotros si supiéramos que estamos condenados por la vida a esforzarnos moviendo grandes cargas, sabiendo que eso no va a servir para nada? No sería nada extraño que primero nos llenáramos de resentimiento contra esa misma vida y que luego, poco a poco, fuéramos cayendo en una profunda depresión. ¿Para qué seguir si haga lo que haga de nada va a servir?

La persona cautivada por esta percepción que hace ver «la botella, medio vacía», está fundamentalmente resentida y por eso no suele ser agradecida. La cura para el resentimiento es el agradecimiento. Pero, si reflexionamos un poco, ¿de qué va a estar agradecida esa persona, si la botella que ve está siempre medio vacía? No hay límite para el nivel de insatisfacción al que puede llevar esta tendencia, porque estas personas siempre se están comparando con aquellas que tienen más que ellas, y todos sabemos que, llevado al extremo, esto nunca tiene fin. Hasta un yate de lujo puede tener siempre un metro más de eslora.

**«La cura para el resentimiento
es el agradecimiento.»**

Es ahora el momento de penetrar más en la posible raíz de esta creencia que tiene unos efectos tan negativos y limitantes en la persona que la contiene. Quien está «contaminado» por este «residuo tóxico» en forma de creencia negativa y disfuncional, da por sentado, da por cierto e incuestionable, que hay algo en su esencia que es incompleto, que le falta, y por eso todos sus esfuerzos están encaminados a superar, a cubrir esa deficiencia. Su mentalidad de «yo no soy suficiente» la proyecta al mundo exterior en forma de «nada de lo que yo haga es suficiente». Como consecuencia de ello, no hay un reconocimiento sincero y profundo por los éxitos alcanzados. Siempre falta algo, siempre todo es incompleto, siempre la botella está medio vacía. ¿Verdad que si tenemos una herida y ponemos una pomada cicatrizante en la herida de otra persona, es difícil que se beneficie nuestra herida? De la misma manera, cuando intentamos cubrir con lo que hacemos la sensación de deficiencia en lo que somos, no hay forma de tener éxito. No pensemos que ver la botella medio vacía es el camino para superarse porque no lo es. Es cierto que al comienzo, es un buen acicate para conseguir las cosas, pero con el tiempo uno se acaba agotando hasta darse por vencido. La visión de la botella medio vacía no lleva al logro sostenido y mucho menos al disfrute mientras se actúa. Convencida de que no triunfará, la persona no hace verdaderos esfuerzos transformadores ni mantiene el ánimo elevado, confiando en que está creciendo y evolucionando como ser humano.

En este sentido, y para aclarar lo que hemos visto, me gustaría contar una fábula. Siempre me han encantado las historias, los cuentos y las fábulas porque al leerlas o al escucharlas pueden mover resortes importantes en nuestro interior. A veces, nos identificamos con alguno de los personajes y nos damos cuenta de cosas que antes no veíamos. En otras ocasiones, alcanzamos una perspectiva tan particular sobre ciertos temas que descubrimos aspectos insospechados del comportamiento humano. Algunas fábulas tienen también la capacidad de reflejar las luchas internas que ocurren en nosotros, los seres humanos. Es por esta razón que voy a contarle a mi estimado lector o lectora una curiosa fábula que nos sirva para entender tal vez con mayor claridad la relación estrecha que existe entre lo que creemos y lo que creamos, entre aquello que creemos y lo que en consecuencia vemos.

En un campo, en una lejana tierra vivía, una comunidad de pequeños ratones. Ellos habían aprendido con esmero y paciencia la ciencia y el arte de localizar las pequeñas semillas que había en aquel campo y guardarlas en sus madrigueras. De esta manera, soportaban sin grandes problemas los durísimos inviernos de aquella región. Su montoncito de provisiones les daba a los ratones una confortable sensación de seguridad y de control. Entre ellos, había algunos que a base de un mayor esfuerzo habían excavado madrigueras más grandes y profundas, donde guardaban cantidades aún mayores de aquel precioso grano.

Como cada ratón había llegado a tener un buen dominio a la hora de buscar, encontrar y guardar las semillas, todos tenían una gran cantidad de tiempo libre y por eso algunos de ellos pasaban el tiempo que les sobraba observando a los pequeños animales de aquel lugar. Uno de los ratones solía subirse a una piedra y contemplando desde allí a las hormigas, los saltamontes y, las orugas, pensaba:

–Pobres, estos son tan pequeños que no superarán el próximo invierno.

Aquel ratón no podía evitar que aquellos pensamientos, aunque estuvieran impregnados de cierta lástima, le dieran también una sensación reconfortante de superioridad. Con frecuencia, cuando retornaba a su madriguera y encontraba el cadáver de una hormiga, de un saltamontes o de una pequeña oruga, llegaba a la única conclusión que era lógica para él:

–Pobre, ya lo decía yo, siendo tan pequeño era imposible que sobreviviera.

El otro ratón de nuestra historia, cuando había terminado su tarea de recolectar, también se quedaba observando a los pequeños animales que había por allí, aunque curiosamente sus pensamientos eran por completo diferentes:

–No cabe duda de que, seas el animal que seas, puedes encontrar un sistema para vivir y adaptarte a lo que te ofrece la tierra.

Cuando este ratón volvía a su madriguera y veía el cadáver de un animal pequeño, se paraba, lo observaba e intentaba en silencio aceptar el devenir de todas las cosas.

Un día, los dos ratones de nuestra historia se encontraban en el campo cuando algo curioso sucedió. Las hojas de los árboles comenzaron suavemente a temblar, después las ramas empezaron a moverse como si de látigos se tratara y, al final, ninguno de los dos ratones pudo evitar, aunque se agarraron donde pudieron, que una ráfaga huracanada se los llevara volando de allí. Ambos ratones fueron dando vueltas y vueltas por el aire, cruzaron por encima de un inmenso río y poco a poco fueron cayendo hacia la tierra, hasta que finalmente sus cabezas se golpearon contra el suelo, perdiendo ambos el conocimiento.

Los dos ratones, sin saberlo, habían sido llevados por aquel extraño viento a la otra orilla del río, donde había una impenetrable selva.

El primero de los ratones, al recuperar la consciencia y todavía con los ojos cerrados, empezó a decir:

—Qué dolor tan enorme de cabeza tengo. ¿Qué me ha pasado? porque no recuerdo nada. ¡Ah sí, ya me acuerdo!, fue ese terrible viento que primero me levantó por los aires y luego me arrojó al suelo, pero ya estoy de nuevo en casa.

Al abrir los ojos, un escalofrío recorrió su pequeño lomo, porque sus ojos contemplaron un lugar completamente desconocido. Había plantas y árboles que nunca había visto y sonidos que jamás había escuchado.

—¿Qué lugar es este? se preguntó, sin que por su mente pasara siquiera la posibilidad de que en el mundo real hay campos, pero también hay selvas, desiertos, ríos y mares.

Recuperado un poco del sobresalto, el ratón no podía comprender ni aceptar que pudiera estar viviendo una experiencia tan extraña y, aunque se frotó los ojos una y otra vez, no logró despertar de aquello que para él tenía que ser un terrible sueño, una desagradable pesadilla.

Resignado al hecho de que el viento había sido tan real como el lugar donde se encontraba, decidió, llevado por una curiosidad natural, explorar aquel extraño lugar. Apenas había dado unos cuantos pasos entre la maleza, cuando divisó a no mucha distancia de allí a un enorme gato. Al verlo, el ratón se quedó primero paralizado y luego echó a correr escondiéndose en un pequeño agujero que había por allí. En aquel mismo lugar, el ratón permaneció días y semanas, mientras su mente se consumía en la angustia y el miedo, y su cuerpo se debilitaba perdiendo toda su energía y vitalidad.

Llegó un momento en el que el ratón fue consciente de que si no hacía pronto algo moriría de hambre y de sed, y fue por eso por lo que con enorme tensión y desconfianza se atrevió a salir de su refugio. En el preciso momento en el que salió de su escondite, se encontró frente a él a un ser enorme con la cara pintada de blanco y una capa negra que le llegaba hasta los pies. El ratón se acurrucó asumiendo que en ese mismo instante moriría. Sin embargo, como el tiempo iba pasando y nada ocurría, el ratón fue poco a poco alzando su cabeza hasta que sus ojos se encontraron con la mirada fija de aquel enorme ser.

El ratón se puso de rodillas y alzando sus patitas comenzó a suplicar:

—Por favor, no me mates, sólo soy un pequeño e insignificante ratón. Te lo suplico, déjame vivir.

Aquel extraño ser le respondió:

—¿Y por que voy a querer matarte?

El ratón quedó tan perplejo por la pregunta, que durante unos instantes no supo qué decir. Finalmente balbuceó en un tono tembloroso:

–¿Quién eres?

–¿Acaso no lo sabes? Yo soy un mago muy sabio y poderoso, tan sabio y poderoso que todo lo conozco y todo lo puedo.

Al oír aquellas palabras tan inesperadas, el ratón se puso a implorar:

–Mírame gran mago, yo no soy más que un simple, diminuto y mísero ratón y, ¿sabes qué?, hay un enorme animal en este lugar tan horrible y temo por mi vida.

El mago cogió al ratón en sus manos y como era capaz de leer el pensamiento le dijo:

–Veo que lo que tus ojos han visto es un gato.

–Si es así, yo te imploro a ti, gran mago, que me conviertas en un animal más grande que el gato.

–Muy bien, yo te digo a ti, ratón, conviértete en perro.

Al reconocer su enorme cuerpo, aquel que había sido ratón y ahora era perro se sintió profundamente satisfecho y se despidió cordialmente de aquel mago tan cariñoso y bondadoso.

Sin embargo, al cabo de un tiempo, el mago se encontró esta vez con el perro escondido y temblando.

–¿Qué te pasa, perro? Te he dado un tamaño mayor que el del gato, ¿por qué estás escondido y temblando?, ¿de qué tienes miedo ahora?

–Mago, no te lo vas a creer, pero hace un instante que he visto a un animal enorme, mucho mayor que yo y con un aspecto feroz. Si me lo permites te lo enseñaré.

Convencido de que junto al mago estaba seguro, el perro le mostró a un animal de piel amarilla y con motas negras.

—Se trata de una pantera, amigo perro.

El perro, al oír aquello y sabiendo que estaba en la presencia de alguien tan poderoso, empezó de nuevo a suplicar:

—Gran mago, si tú me dieras un cuerpo grande, pero grande de verdad, grande como el de esa enorme pantera, yo nunca más volvería a tener miedo y sería tan feliz...

El mago meditó durante unos instantes, sin entender muy bien lo que pasaba, y entonces le dijo:

—Sea como tú quieres, conviértete en el rey de la selva, conviértete en un león.

El ratón que había llegado tan lejos en su vida y ahora era un enorme león se sentía invulnerable, no había nada que pudiera acobardarlo y empezó a experimentar una enorme confianza, una sólida sensación de control y un gran bienestar.

El tiempo pasó y un día el mago salió de su palacio situado en los confines del mundo y fue a visitar al león, pero, por más que lo buscaba, el león no aparecía. Finalmente el mago se adentró en una cueva y detrás de una gran piedra encontró al león escondido, delgado y temblando.

—¿Eres tú, león?

—Sí, mago, soy yo.

—¿Cómo es posible, león, que estés aquí escondido y temblando si tú eres el rey de la selva?

—Mago, yo sé que tú lo vas a entender. Hay en esta selva un animal enorme que tiene dos enormes colmillos y unas enormes orejas y que profiere unos bramidos que me hacen temblar. Si tú me dieras a mí...

El mago al fin comprendió y con una mirada triste le dijo:

—¿De qué sirve que yo te dé a ti el cuerpo inmenso de un león, si tu mentalidad tiene todavía el tamaño de un pequeño ratón?

El león vio cómo en ese instante, el mago empezaba a hacerse más transparente hasta que finalmente se desvaneció.

Tal vez le interese al lector saber qué le pasó al segundo ratón que fue llevado por el viento y que también cayó en aquella misma selva.

Cuando el otro ratón de nuestra historia se recuperó del golpe, al verse en un lugar tan sorprendente, también se sobresaltó, aunque enseguida comprendió que ahora estaba en una nueva tierra y que tenía que aprender a adaptarse a ella. Por eso comenzó dando unos pasos cautelosos y pronto se encontró con algo que él, aunque no lo sabía, era un enorme gato. El ratón se paró y observó. No sabía lo que representaba aquel animal, pero sigilosamente y a cierta distancia lo siguió. Pudo entonces comprobar las habilidades cazadoras de aquel gato y entendió que tenía que mantenerse a una prudente distancia de él. Su espíritu explorador lo llevó también a investigar con un marcado espíritu de curiosidad todo lo que había por aquel lugar. Su atención estaba plenamente despierta y aprendía con enorme rapidez. En poco tiempo aprendió a localizar su sustento y a evitar los peligros. Estar tan en contacto con aquel entorno donde unos cazan y otros son cazados, lo llevó a recordar el devenir de todo lo que existía. Aquel ratón fue ganando cada vez una mayor confianza en su capacidad

de adaptarse. Descubrió nuevos tipos de alimentos con sabo-
res nuevos y sabrosos y encontró una comunidad de ratones
que vivían en aquel lugar y en la que, al sentirse valorado y
querido, se integró.

Un día, aquel ratón vio un cadáver, era el cuerpo sin vida
de un león enormemente delgado, y pensó que a él también
le llegaría la muerte algún día, pero que hasta entonces viviría cogiendo cada experiencia diaria como una lección para
aprender y fluir con la vida en lugar de resistirse a ella.

Voy a pedirle al lector que me acompañe en la exploración de esta fábula.

El primer ratón de nuestra historia daba como un hecho
que la esencia de la supervivencia era el tamaño. Esta era una
creencia, una convicción profunda, y la vivía como una certeza absoluta e incuestionable, de tal manera que se conver-
tía en su punto de referencia para valorar y dar significado a
todo lo que ocurría. No sabemos de dónde había adquirido
el ratón semejante creencia. Algunas creencias las tomamos
directamente de nuestros padres, que a su vez las cogieron
de los suyos. Otras las tomamos de nuestro propio entorno
sociocultural y otras sencillamente las fabricamos nosotros
mismos.

Mientras el ratón vivía en el campo, él era el más grande
de los animales y por eso no tenía ningún temor por su vida
y daba por hecho que todos los animales pequeños que encontraba muertos habían muerto por su pequeñez.

Las creencias no tienen por qué tener ninguna lógica y, lo que es más importante, al ser la base de los filtros a través de los cuales percibimos la realidad, rechazan las evidencias en contra que esta misma realidad ofrece. Dicho de otra manera, la creencia afecta como hemos visto a la percepción, de tal manera que no veremos lo que la creencia sostiene que no existe y, además, la propia creencia utilizará esa estructura cerebral de la que ya hemos hablado, y que es el sistema reticular activador ascendente, para que nos fijemos especialmente en aquello que a la creencia le interesa que nos fijemos.

El primer ratón de nuestra historia, en el momento en el que se encontró con un animal más grande, experimentó una reactivación de su creencia dormida y asumió, dio por supuesto, que no viviría. Su creencia le decía que él no era suficiente con lo que era; que le faltaba tamaño. Ello hizo que su cerebro activara inmediatamente su mecanismo de supervivencia, con el cual y en general, no se juega a ganar, sino a no perder. En ese modo de reacción, el cerebro no busca la recompensa, sino evitar el dolor, y para ello utiliza estrategias de ataque, de defensa, de huida e incluso de bloqueo. El ratón está fundamentalmente bloqueado y lo está no por su falta de capacidad para adaptarse, sino por su creencia disfuncional. El ratón no puede adaptarse no porque en realidad no pueda, sino porque cree que no puede.

Cuando el ratón se encuentra con el mago, y el mago a pesar de ser más grande no lo mata, podía haberse replanteado el error de su creencia, pero no lo hace, porque atrapado en la reacción emocional que desencadena su creencia, atrapado en su mecanismo de supervivencia, el ratón es incapaz de pensar de una manera equilibrada. Recordemos que cuando estamos a merced del pánico, hay cambios muy importantes en el riego sanguíneo de nuestro cerebro. Estos cambios afectan a la manera en la que el cerebro procesa la información. Por eso, no podemos pensar con claridad, ni mirar nada desde una perspectiva adecuada.

En las distintas evoluciones del ratón, primero a perro y después a león, el animal podía haberse planteado que había algo que no tenía sentido, porque tuviera el tamaño que tuviera, al cabo de un tiempo, los sentimientos de miedo volvían a ser los mismos. Llama la atención lo sorprendente de la situación y la dificultad para darse cuenta de ella.

**«(…) las creencias disfuncionales
son capaces de llevarnos a experimentar
realidades completamente diferentes, y
por eso no vemos tanto el mundo que es,
como el mundo que nosotros construimos
en base a lo que creemos.»**

Si el ratón hubiera mirado hacia abajo, habría descubierto la existencia de animales más pequeños que él, animales como las hormigas, y en ese mismo momento su creencia de que sólo el grande sobrevive se habría desmantelado. Por eso, la creencia ha de actuar sobre los sistemas de atención para que uno no se fije en aquello que pone en tela de juicio lo que la propia creencia disfuncional sostiene.

Observe el lector la experiencia tan distinta que tiene el otro ratón, sencillamente porque parte de premisas diferentes. El segundo ratón permite que su cerebro ponga en marcha su mecanismo de adaptación, lo cual no sólo lo ayuda a estar en alerta sin estar alarmado, sino que además hace que aprenda de una manera rápida y efectiva. Cuando ponemos en marcha el mecanismo de adaptación, se favorece la creación de nuevas redes neuronales (neuroplasticidad) y la generación de nuevas neuronas (neurogénesis), en una de las áreas cerebrales básicas para el aprendizaje que es el hipocampo.

Como vemos, las creencias disfuncionales son capaces de llevarnos a experimentar realidades completamente diferentes, y por eso no vemos tanto el mundo que es, como el mundo que nosotros construimos en base a lo que creemos.

Si usted observa algunas de sus actuaciones y reflexiona sobre ellas, estoy convencido de que se va a encontrar con algunas de estas creencias limitantes, que le están dificultando avanzar hacia su plenitud como ser humano. Cuando una de estas creencias inconscientes es expuesta a la luz de la consciencia, se debilita tanto que su presencia en nuestras vidas queda muy limitada.

Esto me recuerda a la película *El Mago de Oz*, cuando Dorothy descubre que el mago que tanto miedo infundía, no era sino alguien normal y corriente que usaba un sistema tecnológico para hacer que su voz tuviera mucha más potencia.

Expuesta la realidad de este truco, la voz del mago deja de tener impacto negativo en la valiente Dorothy.

9.
El oráculo interior

«Saber que no se sabe, eso es humildad. Pensar que uno sabe lo que no sabe, eso es enfermedad.»

LAO-TSÉ

El Oráculo de Delfos, situado en la Grecia central, donde en la actualidad todavía se erigen las ruinas del templo de Apolo, era un lugar de enorme relevancia en el mundo griego. Los griegos consultaban al Oráculo de Delfos cuando tenían que tomar decisiones importantes. Esto era lo que sucedía cuando se encontraban ante encrucijadas de la vida. Por ejemplo, cuando tenían que decidir si entraban a combatir en una determinada guerra, o dónde tenían que fundar una nueva colonia en el Mediterráneo. En el interior del templo había una doncella que entraba en un estado de consciencia peculiar y que hacía de «portavoz» de los dioses. El Oráculo no decía ni sí, ni no, ni depende, sino que lanzaba una serie de enigmas que los adivinos tenían que descifrar. De que los enigmas fueran descifrados de una manera correcta o incorrecta dependía el éxito de sus misiones. El Oráculo de Delfos está muy presente en diversas obras, aunque tal vez destaque con especial fuerza su presencia en las tragedias del más grande de los autores de teatro de la Grecia Clásica, Sófocles.

En la tragedia *Edipo Rey*, escrita por Sófocles, el rey de Tebas, Layo, consulta al Oráculo, el cual le dice que su hijo Edipo, que en ese momento es un niño pequeño, lo matará. Entonces, con la certeza de que el Oráculo no miente, Layo decide matar a su hijo, desencadenando con este hecho una serie de acontecimientos que harán que finalmente se cumpla la profecía. Animo al lector a que lea esta excepcional obra de escasa extensión y que nos arroja tanta luz sobre algunos de los aspectos más sorprendentes y profundos de la naturaleza humana. Por eso, estos grandes libros, estas obras maestras de la literatura, siguen tan vigentes hoy como hace siglos. Recordemos que los espectadores que iban al teatro para ver las obras de Sófocles se veían interpelados por ellas para reflexionar sobre ciertos aspectos de sus propias vidas.

No deja de llamar la atención que, en la entrada del templo donde estaba el Oráculo, apareciera una inscripción: «Conócete a ti mismo».

¿Cuál es el tipo de cosas que tenemos que conocer acerca de nosotros mismos antes de entrar y escuchar la profecía? Posiblemente, es importante que conozcamos que:

1. Cuando proyecto el problema fuera de mí («mi hijo Edipo va a matarme»), el camino fácil es eliminar el problema, sin ser conscientes de que es posible que parte del

problema esté proyectándolo yo, ya que todos somos a la vez causa y efecto de lo que nos sucede. Es como si quisiera destruir la imagen de una mosca que está en la pared, cuando en realidad donde está la mosca es en mi propio proyector.

2. También necesitamos conocer alrededor de qué gravita nuestra vida, ya que si esta gravita alrededor de la voluntad de poder, de control, de significancia, va a ser mucho más fácil que proyecte mis inseguridades y mis miedos y vea amenazas donde no las hay. Recordemos que, en la tragedia *Edipo Rey*, el rey Layo era un hombre muy aferrado al poder y que con facilidad veía enemigos por doquier.

Nosotros escuchamos dos tipos de voces que proceden de nuestro interior. Una de estas voces es la de nuestro maestro interior, el cual nos orienta con su sabiduría para que demos aquellos pasos que nos dirigen hacia nuestra plenitud como seres humanos. Sin embargo, también hay otra voz interior que puede encaminarnos hacia un lugar al que no nos conviene ir. A esta voz la llamamos la voz de la oscuridad y de la disfuncionalidad.

Muchas veces creemos a esta voz interior disfuncional, sin plantearnos con un mínimo de rigor la fiabilidad de tales veredictos. Al igual que los griegos, estas consultas a nuestro mundo interior las hacemos en los momentos más cruciales de nuestra vida, cuando tenemos que tomar alguna decisión fundamental y no tenemos ninguna claridad acerca de cuál es el mejor camino a seguir. Estas decisiones pueden ser sentimentales, profesionales o de muchos otros tipos.

Nadie ignora que toda decisión va seguida de una serie de consecuencias, que hay puertas que se abren y puertas que se cierran dependiendo de las decisiones que tomamos. Lo que queremos cada vez que tomamos una decisión es que los efectos positivos sean los máximos posibles y los efectos negativos los mínimos. Por eso es por lo que podemos entrenarnos para distinguir cuál es la voz que nos está hablando, si es la voz del maestro interior o es la voz de la oscuridad y la confusión. Una de las claves para saber que la voz que nos habla es la del maestro interior es que, al escucharla, se percibe una sensación de serenidad que se asocia con la percepción de que algo nos ha quitado un peso de encima. Para escuchar esta voz, es necesario reducir el «ruido» que hay en nuestras cabezas, porque es una voz tenue que se escucha en el silencio de la reflexión honda, paciente y confiada.

El ejercicio de nuestro liderazgo personal es el que va a ayudarnos a salir de este espejismo en el que nos vemos tan separados de los demás. Sólo así podemos recuperar el sentido de la unidad, de que todos a un nivel trascendente estamos íntimamente conectados. Recordemos que con frecuencia es la voz de la oscuridad y de la confusión la que nos hace creer de nosotros cosas que no son ciertas. Muchas personas hacen que sus vidas sigan estos guiones tan limitantes que las describen como seres no suficientemente capaces y no dignos de ser queridos. Si usted quiere dar un giro a su vida, llevarla en otra dirección, puede que necesite revisar las cartas de navegación que está dando por válidas. Su pasado alberga muchas cosas muy positivas. Ciertas tradiciones que han sido el legado de aquellos que nos precedieron tienen un enorme valor. Sin embargo, todos tenemos también algunas creencias que viven en nosotros y que pueden limitarnos mucho.

¿Cómo tener el valor de desafiar la realidad, la veracidad de algunas de estas creencias que han orientado nuestra vida a lo largo de los años y en la única dirección que nos parecía posible? Creo que por eso, en el templo de Apolo en Delfos y a la entrada del mismo, se exhortaba a que antes de entrar el caminante se conociera de verdad, con sus luces y con sus sombras. Muchas veces nos damos cuenta de lo poco que nos conocemos, de lo poco que sabemos de nuestros talentos y capacidades inexplorados y de lo poco que conocemos esas creencias que pueden llegar a limitarnos tanto. Por eso, pienso que la verdadera lejanía somos nosotros mismos. Y, como decía Sócrates, la verdadera sabiduría es reconocer nuestra propia ignorancia. De ahí su famosa frase: «Sólo sé que no sé nada y, aun así, sé más que aquellos que ignoran esto».

«Encontrar una salida es algo muy diferente de encontrar una solución.»

Precisamente, en las situaciones de crisis, que es cuando tenemos que tomar las decisiones más complejas, es cuando muchas veces, sin darnos cuenta, más nos aferramos a lo que nos dice esa voz que genera tanta oscuridad y confusión. Si ante una crisis, que no representa sino que algo nos ha sacado de nuestra zona de comodidad y nos ha expuesto a una realidad más amplia que nos exige crecer y evolucionar, usted se siente impotente o desesperanzado, es que no está escuchando a la voz de su maestro interior, porque la voz del maestro interior no niega la complejidad de algo, pero tampoco niega nuestra capacidad para encontrar una solución utilizando nuestra inteligencia y nuestra creatividad. Por eso, hay una tensión serena y una acción firme y equilibrada.

Cuando a quien estamos prestando nuestra atención es a esa voz disfuncional, nos sentimos pequeños y desvalidos ante la magnitud del desafío que percibimos, y por eso activamos reacciones de supervivencia, a través de las cuales intentamos regresar a dicha zona de comodidad que nos es familiar, nos quedamos paralizados, atacamos o huimos del desafío. Encontrar una salida es algo muy diferente a encontrar una solución. Por eso, cuando se producen en nosotros reacciones emocionales y fisiológicas que hacen que no pensemos con claridad y que nos sintamos tensos y perdidos, es porque se han activado creencias internas limitantes. Por eso, esto nos da una gran oportunidad, la de hacernos una pregunta: ¿qué estoy dando por hecho para tener esta reacción tan intensa? ¿Qué creencia limitante está aflorando? Es el momento para hacer un gran avance en el propio autoconocimiento. Todo proceso de reinvención es un proceso de superación de uno mismo. Cuando nos sobrepasamos a nosotros mismos es cuando empezamos a darnos cuenta de que la visión que teníamos de nosotros mismos, de lo que éramos capaces de hacer y lo que no, era muy limitada.

«Albert Einstein: "Es en la crisis donde nacen la inventiva, los descubrimientos y las grandes estrategias. Quien supera la crisis se supera a sí mismo sin quedar superado".»

Son muy inspiradoras las palabras de Albert Einstein cuando habla de los momentos de crisis y cómo han de ser evaluados:

«La crisis es la mejor bendición que puede sucederle a personas y países porque la crisis trae progresos. La creatividad nace de la angustia, como el día nace de la noche oscura. Es en la crisis donde nacen la inventiva, los descubrimientos y las grandes estrategias. Quien supera la crisis se supera a sí mismo sin quedar superado.

»Quien atribuye a la crisis sus fracasos y penurias, violenta su propio talento y respeta más los problemas que las soluciones. La verdadera crisis es la crisis de la incompetencia. El inconveniente de las personas y los países es la pereza para encontrar las salidas y soluciones. Sin crisis no hay desafíos, sin desafíos la vida es una rutina, una lenta agonía. Sin crisis no hay méritos.

»Es en la crisis donde aflora lo mejor de cada uno, porque sin crisis todo viento es caricia.

»Hablar de crisis es promoverla, y callar en la crisis es exaltar el conformismo. En vez de eso, trabajemos duro. Acabemos de una vez con la única crisis amenazadora, que es la tragedia de no querer luchar por superarla».

10.
Pánico a la libertad

«La felicidad no consiste en desear cosas, sino en ser libre.»

EPÍCTETO

Cuando las personas atravesamos momentos muy difíciles en nuestras vidas, con enorme frecuencia nos sentimos impotentes para hacerles frente. Si somos sinceros y honestos con nosotros mismos, esto sólo puede reflejar una cosa y es que creemos y asumimos que lo único que de verdad cuentan son las circunstancias. Por eso, «es imposible que yo disfrute de mi trabajo si tengo un jefe insoportable». También «es imposible que vea la vida con alegría e ilusión si estoy enfermo». En el mismo orden de cosas, «es imposible que no me sienta superado y completamente estresado, cuando tengo que estar en mil frentes a la vez: el trabajo, la familia, las obligaciones, las tareas pendientes, los imprevistos…».

No cabe duda de que en muchísimas ocasiones los seres humanos nos sentimos víctimas de las circunstancias y por eso con frecuencia caminamos por la vida agotados, asustados y profundamente frustrados. Esta es la expresión de la mentalidad de víctima, de aquella que asume que no es realmente libre, sino que es esclava de sus circunstancias. Esto es algo en lo que hemos de reflexionar, ya que, cuando uno se experimenta a sí mismo como víctima, su estado de ánimo es muy diferente de cuando se siente como artífice, como protagonista de su vida. El estado de ánimo que tenemos cuando nos sentimos víctimas reduce la eficiencia para hacer frente a las tareas de cada día. Además, nos torna irritables, con lo cual hace especialmente complicada la sintonía con otras personas. Por si esto fuera poco, también genera un enorme cansancio que hace que estemos permanentemente agotados y que caminemos como zombis por la vida. El estado de ánimo que acompaña a la mentalidad de víctima es en sí mismo un verdadero problema. Por eso, si las circunstancias son de por sí complejas, nuestro propio estado de ánimo aún les añade una mayor complejidad.

A lo largo de la historia ha habido muchos tipos de colonizaciones, pero en algunas de ellas los colonizadores se han ocupado de plantar en la mente de los colonizados las «semillas de la esclavitud». Estas semillas eran portadoras de mensajes como: «eres un ser inferior», «te falta talento y capacidad», «no hay nada realmente valioso dentro de ti». Por lo tanto, el único camino que quedaba a los dominados era someterse a la voluntad de los dominadores, llegando incluso a verlos como si realmente fueran seres superiores. Esto favorecía la sumisión a todo lo que ellos dijeran. Muchos de estos pueblos que fueron dominados y finalmente encontraron la libertad, han sido «incapaces de levantar cabeza». La lectura fácil es pensar que los dominadores tenían razón y que eran seres inferiores que sólo podían progresar si eran dominados. Pocos se ponen a pensar que, cuando los dominadores se marcharon, los dominados tal vez seguían teniendo en sus mentes las semillas de la esclavitud y por eso se sentían solos y perdidos sin sus dominadores.

«(…) hemos de atrevernos a tomar las riendas de nuestra propia vida y ser los capitanes de nuestro destino.»

A lo largo de nuestras vidas, también se han ido plantando en el rico jardín de nuestra mente algunas semillas de esclavitud. Los sembradores han ido esparciendo en nuestras mentes, desde su propia ignorancia y su voluntad de dominio, ideas sobre nuestra insuficiencia y nuestra incapacidad, y nosotros hemos hecho estas semillas nuestras. No es momento de culpar a nadie, porque eso nos coloca inmediatamente en una posición de víctima y de justificar las desgracias de nuestra vida porque alguien las causó. Es tiempo de tomar responsabilidad sobre las cosas. Si no lo hacemos, estamos admitiendo que no somos libres. Toda persona que en su interior se sienta esclavo de las circunstancias tendrá pánico a la libertad, sencillamente porque es algo que no cabe en su mente ni siquiera como posibilidad. Por eso, hemos de atrevernos a tomar las riendas de nuestra propia vida y ser los capitanes de nuestro destino. Sólo así saldremos de nuestra zona de confort y podremos descubrir un mundo nuevo. ¡Cuántas veces nos quedamos con lo malo conocido en lugar de lo bueno por conocer! Nos encontramos frente a uno de los autoengaños más demoledores que puede haber en nuestra vida, una de las más profundas inautenticidades. Me meto en el papel de víctima y espero que las circunstancias cambien o a que alguien me saque o me salve de ellas. Por eso no hay confianza, no hay entusiasmo y no hay proactividad. Por eso también somos seres que reaccionamos en lugar de responder. Cualquier provocación nos saca de nuestras casillas. Es como si nuestra libertad fuera más una añoranza que una verdadera realidad.

11

De la actitud a la altitud

«La soberbia no es grandeza, sino hinchazón; y lo que está hinchado parece grande, pero no está sano.»

SAN AGUSTÍN DE HIPONA

Cuando yo era residente de primer año de Cirugía, asistí a un hecho singular. Dos enfermos, ambos de la misma edad y de una complexión semejante, estaban en la misma habitación. Ambos habían sido operados por el mismo cirujano de una úlcera gástrica. A ambos se les había practicado la misma operación, una gastrectomía Billroth II. Esta operación consiste en extirpar la parte del estómago que contiene la úlcera y cerrar el duodeno con varios planos de sutura. El contenido gástrico ha de pasar ahora por un asa de intestino que se sutura a lo que queda del estómago. El cierre del duodeno es un proceso muy importante, porque si se abre el duodeno entonces los jugos digestivos comienzan a salir, y además de poder producirse una peritonitis, estos jugos, al salir por la herida (complicación que se denomina fístula duodenal abierta), producen una gran corrosión de la piel.

Ambos enfermos habían sido operados por el mismo cirujano, el cual era un magnífico cirujano, con una incidencia de complicaciones mínima. Sin embargo, por las razones que fuera, esos dos enfermos habían hecho la misma complicación, que era una fístula duodenal, al haberse ido algunos de los puntos de sutura. Afortunadamente, ninguno había tenido una peritonitis, porque el líquido que se salía había encontrado un camino directo hacia la herida. Sin embargo, en ambos, el líquido, cuando yo fui asignado a cuidarlos, estaba irritando mucho la piel.

Además de las medidas que se pusieron para favorecer el cierre de la fístula, yo todos los días entraba en la habitación y curaba ambas heridas, utilizando una esponja muy suave y una solución jabonosa. Después aplicaba una pasta protectora para reducir la irritación de la piel.

Ambos enfermos, sometidos a las mismas durísimas circunstancias, tenían una actitud radicalmente diferente. Uno de ellos se mostraba muy pesimista y deprimido, mientras que el otro tenía una actitud mucho más positiva. El drenaje, lo que salía por la fístula, era una cantidad muy semejante y, sin embargo, yo veía que aunque dedicara el mismo tipo de atenciones a los dos, en uno de ellos la cantidad de líquido que salía por la fístula se reducía y la piel mejoraba, mientras que en el otro sencillamente no se producía ningún tipo de mejoría.

Fue entonces cuando me planteé si la actitud que ambos tenían frente a su dolencia, que era una actitud tan diferente, podía estar marcando un impacto en su evolución médica.

A raíz de las investigaciones de los últimos cuarenta años, sí se sabe que podría tener mucho que ver, ya que la actitud que tengamos frente a las cosas tiene un enorme impacto en el funcionamiento del sistema inmunológico. El sistema inmunológico está formado por todas aquellas células y procesos que nos protegen de las infecciones y que curan nuestras heridas.

«(...) la actitud que tengamos
frente a las cosas tiene un enorme
impacto en el funcionamiento
del sistema inmunológico.»

Los glóbulos blancos, que persiguen y destruyen las bacterias que hay en el cuerpo, los macrófagos, células enormes que actúan como el sistema de limpieza del organismo y que se encargan de recoger todos aquellos productos de desecho que se producen en el cuerpo, funcionan peor cuando nos sentimos irritados, frustrados, asustados o sin esperanza. También los fibroblastos, que son las células que reparan los tejidos y forman la cicatriz, se ven afectados negativamente cuando están presentes dichas emociones aflictivas.

Pero ¿qué es la actitud? ¿Cómo podríamos definirla? La actitud es la manera en la que nos relacionamos con algo. Es nuestra manera de posicionarnos, de estar frente a algo. Yo, por ejemplo, puedo estar frente a una persona, un objeto o un hecho con una actitud abierta o cerrada. También puedo estar con una actitud de acercamiento o de alejamiento. Puedo estar con una actitud de interés o de franco desinterés. Lo que resulta más sorprendente es que mi actitud depende de la manera en la que estoy valorando algo y esa valoración es la que afecta precisamente a mi forma de relacionarme con ese algo.

Cuando yo pienso que las cosas deberían ser de una manera y son de una forma completamente diferente. Cuando yo tengo ciertas expectativas y me encuentro con algo radicalmente diferente, lo normal es que me sienta primero confuso y después frustrado. Estos sentimientos determinan en gran manera la actitud que voy a tener ante esa situación y que probablemente va a ser de resistencia, de rebeldía y de rechazo. No podemos conocer lo que puede haber de valor en algo si no lo exploramos. Sin embargo, al no coincidir aquello con lo que nos encontramos con lo que nos gustaría encontrarnos, tendemos a generar ese rechazo que nos impide explorar, comprender, descubrir y aprender. Suele decirse que la vida es lo que sucede cuando yo estoy pensando en lo que tendría que suceder. Vemos de esta manera hasta qué punto nuestra actitud está conectada con las emociones que experimentamos.

12

Un lenguaje transformador

«Las fuerzas que se encuentran dentro de nosotros son las que verdaderamente curan las enfermedades.»

HIPÓCRATES

En el mundo real, hay una serie de posibilidades y oportunidades para la mejora, para el avance y para la prosperidad,
en todos aquellos aspectos de la vida en los que para nosotros
sea importante mejorar, avanzar y prosperar. Estos aspectos
podrían incluir los siguientes:

1. La situación económica, que puede ir desde la indepen-
   dencia financiera a la plena seguridad financiera.
2. El nivel de salud, energía y vitalidad que se experimenta.
3. El entendimiento, la armonía, la sintonía, la confianza,
   la colaboración, el sentido profundo de pertenencia, los
   lazos emocionales sólidos, el sentimiento de familia, de
   equipo, de comunidad.

4. La ilusión, el entusiasmo ante nuevos proyectos. La pasión por el logro y la superación. El sentimiento de aventura, de descubrimiento de nuevos horizontes.
5. El conocimiento de nuevos campos fascinantes, el aprendizaje de nuevas destrezas, competencias y habilidades. El saber más y el saber hacer mejor.
6. El autodescubrimiento, la sintonía con uno mismo, la evolución personal. La confianza ante la incertidumbre y el cambio.
7. La contribución, la trascendencia, el impacto positivo en el mundo.

Para que podamos acceder a las posibilidades y oportunidades que existen en cualquiera de estos campos necesitamos cuatro cosas:

I. Creer de verdad que estas posibilidades existen, aunque de momento no las veamos.
II. Saber cómo empezar a buscarlas.
III. Ser capaces de descubrirlas.
IV. Aprender a integrarlas en nuestra vida, para que cristalicen en extraordinarias realidades.

Esas posibilidades y oportunidades que buscamos a veces no se encuentran en el mundo que conocemos, pero sí están en el mundo que podemos llegar a conocer. Es decir, se encuentran más allá de «los límites de nuestro mundo». Esto nos invita a un importante cambio de mentalidad si queremos pasar de alguien que cree que sabe a alguien que reconoce con humildad que no sabe. Por eso, el experto ha de convertirse en explorador. Sin embargo, como decía Wittgenstein, «los límites de mi lenguaje son los límites de mi mundo». Yo sólo puedo ver aquello que puedo conocer y yo sólo puedo conocer aquello que mi mente tiene la capacidad de representar de alguna manera a partir de la información que le llega por los sentidos. Así, por ejemplo, nuestra mente genera representaciones a base de distinciones tales como las de espacio y tiempo. Es una forma de estructurar la realidad para que podamos captarla y reconocerla. Es decir, nosotros podemos reconocer que hay una mesa delante de nosotros, porque primero hemos sido capaces de representar en nuestro interior el concepto de espacio. El mundo nos ofrece una gran cantidad de posibilidades y de oportunidades, pero nosotros no las podremos reconocer mientras no seamos capaces de generar estas representaciones mentales que nos permiten captarlas. Nuestro entendimiento tiene que ser capaz de reconocer lo que existe fuera de él.

Hace unos años, un grupo de investigadores norteamericanos observaron que no existía la tartamudez entre los indios. La tartamudez no es congénita, sino que tiene un gran trasfondo psicológico. ¿Cómo podría haber tartamudos entre los indios norteamericanos, si no existe ninguna palabra en su lengua que la describa? Si no poseen una palabra para describir la tartamudez, ¿cómo van a tener una imagen de lo que significa ser tartamudo?

El conocimiento no surge porque haya una especie de ojo que me diga lo que hay fuera de mí, sino que hay algo mucho más profundo que ha de crear la representación mental dentro de mí, antes de que yo reconozca plenamente lo que hay fuera. Estamos hablando de algo nada fácil de explicar pero que está en la raíz de nuestra mente simbólica, una mente que sólo se desarrolló en los humanos hace ciento cincuenta mil años. Esta mente simbólica es la que nos saca de la inmediatez que nos proporcionan los sentidos y nos permite crear conceptos que, cuando los manejamos, nos traen precisamente aquella información que recogían los sentidos. Si yo por ejemplo le digo «azul», inmediatamente usted ve el color azul y, sin embargo, yo no he puesto nada azul delante de sus ojos. Esto es posible gracias a la mente simbólica, que tiene el concepto «azul» para representar el color azul. Imagínese el lector la belleza que esto representa y el impacto que alcanza. Las pinturas rupestres se encuentran muchas veces en sitios recónditos en el interior de ciertas cuevas. Resulta muy extraño que alguien se introdujera por esos estrechos laberintos para contemplar unas toscas pinturas de animales. Sin embargo, esto alcanza una clave de interpretación bien distinta cuando tenemos presente el pensamiento simbólico, que incluye esa capacidad para la representación artística. Cuando personas de cierta tribu contemplaban esas pinturas de bisontes, no sólo veían la representación visual de un bisonte, sino que además sentían, experimentaban el valor del coraje y de la astucia. Aquellas pinturas no sólo les permitían reconocer las imágenes de unos animales, sino que además les permitían experimentar las emociones de la caza. Por esta misma razón, las palabras de un poema pueden hacernos llorar. El pensamiento simbólico es muy poderoso y es exclusivo de la especie humana. Los simios no humanos no la tienen.

Todos tenemos por tanto «instalado» en nuestra mente un sistema operativo que nos permite conceptualizar, estructurar y organizar la realidad, para luego poder no sólo reconocerla, sino además experimentarla y utilizarla. Existe pues una conexión muy íntima entre lo que hay fuera de mí, que es parte de la realidad, y lo que hay dentro de mí, que es la posibilidad de conocer y reconocer dicha realidad. Es decir, «el mar me da la posibilidad de ser marinero». Dentro de este sistema operativo, tenemos dos elementos fundamentales. Uno sería la consciencia, que es la que ve, la que se da cuenta de que hay algo. El segundo sería la razón. La razón es la que clasificando, fraccionando, delimitando y generando conceptos permite que la consciencia no sólo descubra que hay algo, sino que también pueda nombrar esos objetos que hay. La razón, para poder realizar este proceso de conceptualizar, atribuir límites, delimitar en un contexto espacio-tiempo y organizar, precisa de un instrumento que es el lenguaje. Las distinciones lingüísticas, como por ejemplo aquí, allí, cerca, lejos, izquierda, derecha, arriba, abajo, delante, detrás, azul, rojo, verde, bonito, feo, breve, duradero, bueno, malo, agradable, desagradable, son unidas a la información que nos llega por los sentidos externos e internos, y sólo una vez que se han unido permite que podamos reconocer lo que hay. Es decir, yo reconozco la posición de una mesa cuando a una serie de frecuencias de onda le atribuyo el concepto mesa, y cuando a cierta localización en el mundo le atribuyo el concepto cerca. Es entonces y sólo entonces cuando puedo percibir que hay una mesa cerca. Es decir, la experiencia del mundo que tenemos es una co-creación entre lo que hay y lo que nosotros ponemos. Por eso, si consideráramos como hipótesis de trabajo que la realidad es un conjunto infinito de posibilidades y de oportunidades, sólo si fuera capaz de generar nuevos conceptos, nuevas categorías, nuevas distinciones, sería capaz de reconocerlas en el mundo y poder utilizarlas. Un fotón no existe porque yo pueda nombrarlo, pero sólo puedo percibirlo si lo nombro, ya que nombrarlo me permite categorizarlo. Un árbol es un conjunto de sensaciones, pero sólo es un árbol para mí si puedo atribuirle conceptos como altura, distancia, color, forma, características. Por eso, cuando disponemos de un abanico más rico de distinciones lingüísticas, vemos más cosas. Sin embargo, como es lógico, no se trata de inventarse palabras o categorías absurdas, sino de encontrar ese encaje sorprendente que hace que de alguna manera la naturaleza acepte esos conceptos, categorías y límites, para ser reconocida.

¿De dónde surgen todas esas distinciones, de una forma de revelación o de algo diferente? Esta es una pregunta esencial, porque son estas distinciones las que permiten ver un mundo u otro en una realidad que es infinita. Además, es el tipo de distinciones que usamos con más frecuencia, lo que va definiendo el único mundo que podemos reconocer y por lo tanto el único mundo con el que podemos interactuar. Si por ejemplo digo que: «Todo está hecho», veo un mundo completamente diferente de si digo: «Está todo por hacer». Si digo que lo importante no es cómo te caes, sino cómo te levantas, me estoy enfocando en aspectos muy distintos de la realidad.

Algo sucede cuando llegan las sensaciones a la mente y la razón interactúa con ellas. Todavía no hemos reconocido lo que es, pero la razón, esa información sensible, la está trabajando, organizando, clasificando, enmarcando y conceptualizando. Llega un momento en el que reconocemos lo que hay fuera porque la razón le ha dado una forma determinada.

> **«Si digo que lo importante no es cómo te caes, sino cómo te levantas, me estoy enfocando en aspectos muy distintos de la realidad.»**

Imaginemos la siguiente hipótesis. Todo lo externo a mí y lo interno en mí son parte de una unidad, y por lo tanto todo lo externo con sus infinitas posibilidades tiene potencialmente un reconocimiento por mi parte. Para que ese reconocimiento pueda tener lugar, la razón ha de utilizar una de sus tecnologías fundamentales, que es el lenguaje, de acuerdo a una serie de directrices o sistemas fundamentales de referencia como pueden ser el tiempo y el espacio. Esos sistemas referenciales los tendríamos ya impresos en nuestra mente antes de nacer. Las palabras que nos van enseñando desde pequeños son utilizadas por cada uno de los sistemas referenciales para ir creando los conceptos (aquí, allí), dentro de esos sistemas referenciales. Cuando nos encontramos con una situación, un objeto, un hecho que escapa a nuestro conocimiento y comprensión, tendemos a incluirlo dentro de los sistemas referenciales que normalmente usamos. El resultado nos es desconcertante, porque no es el esperado. Pondré un ejemplo muy sencillo. Nosotros tenemos categorías y conceptos para reconocer la conducta de una persona, y por eso podemos decir que alguien es amable o que es maleducado. Sin embargo, nos faltan las distinciones para reconocer en esa misma persona cosas más profundas. Distinciones como podrían ser las necesidades y los sentimientos. Si de toda esa realidad existente que incluye necesidades, sentimientos y conducta, yo sólo puedo conceptualizar la conducta, estaré interactuando con un aspecto muy parcial de la realidad. Ahora bien, la pregunta tal vez sea: ¿cómo puedo ampliar mi repertorio de distinciones? Yo diría que la única manera de hacerlo es que cuando me encuentre con algo que no comprenda, sea una conducta o una reacción emocional, o cuando algo me sorprenda y no entre en lo predecible, en aquello que espero, sea consciente de mi necesidad de crear unas nuevas distinciones lingüísticas para poder llegar a reconocer lo que está pasando. Por eso hay que adoptar la actitud de un científico, de un verdadero explorador. Hay que reflexionar sobre lo que está sucediendo. Hay que pasar del que diagnostica al que hace preguntas, al que interpela a la realidad, para así poder entender lo que sucede. Si no comprendemos lo que sucede, tampoco podemos diagnosticar correctamente, ya que todo diagnóstico certero suele suceder cuando se dispone de información veraz y relevante. Tengo la sensación de que, cuando nos acercamos con este espíritu de «no sé y quiero saber», la razón puede empezar a actuar de una manera mucho más potente, buscando en su bagaje interno el tipo de distinciones que tienen una correspondencia con la realidad y que permiten reconocer lo que está ocurriendo. Nuestra tendencia a juzgar sólo en referencia a lo que nos es conocido, nuestra falta de humildad para reconocer «no sé» y nuestra falta de una actitud de «yo quiero saber», hacen que muchas veces nos resulte impensable el quitarnos el traje de experto y ponernos el de explorador. El profundo desconocimiento de que «los límites de mi mundo son los límites de mi lenguaje», no hace nada fácil que reconozcamos la importancia de las distinciones lingüísticas y las busquemos. La falta de confianza en nuestra razón y la ausencia de periodos de reflexión hacen con frecuencia inviable que esa misma razón, interactuando con la experiencia sensible, descubra aquellas distinciones que nos permitan reconocer lo que está ocurriendo realmente dentro y fuera de nosotros.

13.
El hombre como máquina

«Ciencia sin conciencia no es más que la ruina del alma.»

FRANÇOIS RABELAIS

Posiblemente, pocas personas tienen realmente una idea clara de hacia dónde y hasta dónde evolucionarán las máquinas en el futuro. Muchos de nosotros tal vez hayamos visto películas de ciencia ficción en las que aparecen máquinas de aspecto humano y que parece como si tuvieran muchos puntos en común con nosotros. En países muy evolucionados en robótica, como podría ser Japón, se estudia el impacto que tienen los robots de aspecto humano entre la población. Sabemos que a muchas personas les inquieta ver a máquinas que se parecen tanto a nosotros. Muchas personas aceptan que podrían crearse máquinas muy inteligentes, pero que carecerían de emociones y también de libertad interior. ¿Y si las máquinas estuvieran más cerca de nosotros de lo que nos imaginamos? ¿Y si nosotros actuáramos muchas veces como si sólo fuéramos máquinas muy sofisticadas a las que ni siquiera se les pasara por la cabeza que lo son? Para ahondar en este curioso asunto, tenemos que reflexionar sobre un aspecto fundamental que es el de la libertad interior del hombre, algo que ya hemos iniciado en capítulos anteriores y sobre el que ahora vamos a profundizar. Sí le pediría al lector que leyera este capítulo con especial detenimiento, ya que vamos a tratar un tema que no es sencillo de acotar. Sin embargo, es importante esta lectura atenta, porque vamos a hacer una distinción lingüística sumamente importante. Esta distinción lingüística va a permitirle descubrir el origen de algunas de sus conductas más automáticas y que a lo mejor, en algunos casos, le originan más de un disgusto. Recordemos que cuando descubrimos en nuestras vidas aquello que previamente nos estaba velado, podemos desarrollar estrategias más efectivas a la hora de gestionar nuestros propios recursos y así alcanzar nuestros sueños.

Empezaremos nuestro diálogo hablando de ese tema de gran profundidad y alcance y frente al cual ninguno suele mostrarse indiferente. Me refiero, cómo no, al tema de la libertad. Siempre ha existido una gran controversia acerca de si el hombre es realmente libre o no. En este capítulo vamos a dar pie a cierta controversia, que la presentaré de la siguiente manera: el hombre sí tiene libertad interior, pero muchas veces no actúa como si realmente fuera libre.

Para empezar, necesitamos matizar un poco a qué nos estamos refiriendo aquí cuando hablamos de libertad. Cuando hablamos de libertad, no nos estamos refiriendo a la libertad operativa, que es la que nos permite hacer lo que queremos, sino a la libertad interior, que es la que nos lleva a hacer lo que debemos. Es esta libertad la que, por ejemplo, nos permite elegir entre lo que es ético y lo que no lo es. Es también la que nos permite elegir hacer lo correcto, aunque no sea cómodo ni nos beneficiemos de ello.

«(...) el hombre sí tiene libertad interior, pero muchas veces no actúa como si realmente fuera libre.»

Nelson Mandela estuvo físicamente encerrado más de un cuarto de siglo en Roben Island y, por lo tanto, no era libre para salir de su prisión y volver a su casa. Sin embargo, él sí fue libre para decidir cómo quería relacionarse con sus circunstancias. Él no sólo decidió no odiar, sino que además decidió buscar cómo reconciliar a aquellos que someten con los que se encuentran sometidos. Nelson Mandela actuó, por tanto, como un ser sin libertad operativa, pero con libertad interior. Él demostró no con sus palabras, sino con su vida, que nuestra biografía no tiene por qué ser nuestro destino. En aquellas personas que reclaman su libertad interior, su pasado no predice su futuro, precisamente porque su futuro lo van creando a partir de las decisiones que eligen tomar en el presente. Son estas decisiones las que van conformando nuestro destino.

El ser humano muchas veces no actúa con libertad interior, sencillamente porque cuando se olvida de sus valores y de aquellas guías que dan un verdadero sentido a su existencia, queda atrapado en una dimensión en la cual se reducen sus posibilidades de crear algo verdaderamente valioso. Pondré un ejemplo para aclararlo. Si yo digo progenitor, no es lo mismo que si digo padre. Un verdadero padre es mucho más que un progenitor; de hecho, está en un plano radicalmente distinto y más elevado. El tipo de relaciones que establece un progenitor con su descendencia son fundamentalmente de carácter biológico y son distintas de las relaciones que establece un padre con sus hijos, que son de carácter más trascendente, al menos si ese padre se comporta como un verdadero padre. Estamos, por tanto, hablando de dos niveles muy distintos.

También en lo que respecta a nuestra naturaleza podemos estar en una dimensión fundamentalmente biológica o en una dimensión en la que transcendemos, vamos más allá, superamos nuestra biología. Veamos otro ejemplo:

Si un grupo de médicos entran en la habitación de un enfermo y dicen: «Aquí tenemos un caso interesante de fibrosis quística del páncreas», el plano en el que se están moviendo es puramente biológico. Sin embargo, si dicen: «Aquí tenemos al señor López, que ha sido diagnosticado de una fibrosis quística del páncreas», entonces ya nos hemos elevado de plano. No es el mismo tipo de conversaciones las que se tienen en estos dos planos tan diferentes.

Pues bien, sin darnos cuenta, ante determinados desencadenantes externos o internos todos nosotros podemos quedar atrapados en esta dimensión puramente biológica y fundamentalmente instintiva. Igual que la conducta de los animales es dirigida por sus instintos, cuando estamos anclados exclusivamente en el plano biológico y nos olvidamos del plano de los valores, de los principios y del verdadero sentido de la vida, entonces nuestro comportamiento se convierte en una serie de reacciones automáticas. Es como si ya sólo fuéramos unas simples máquinas biológicas, eso sí, muy sofisticadas. Seríamos como robots de aspecto humanoide, pero que no tienen verdadera libertad interior, porque lo que mueve sus decisiones no es la libre elección, sino su propia programación.

El ser humano es un verdadero misterio y por lo tanto no es fácil acceder a lo que representa en todo su esplendor. Además, como hemos visto, tiene varios planos que están conectados entre sí. Si yo por ejemplo fuera una persona muy espiritual, no por ello podría renunciar a mi fisicalidad, a aquello que me hace tener unas dimensiones y un peso. De la misma manera, el hecho de que haya billones de reacciones químicas en mi cuerpo no quiere decir ni mucho menos que yo sólo sea un conjunto enorme de reacciones químicas.

Cuando renunciamos a la faceta espiritual, a la faceta transcendente en nuestra vida, esa que nos conecta con los demás y con la naturaleza, nos movemos sólo en el plano biológico. Cuando estamos sólo situados en este plano, lo único que dirige nuestra vida es buscar el placer y huir del dolor. Estas son las reacciones características de esa máquina biológica ultrasofisticada que somos. Cuando sólo nos movemos en este plano biológico, nos comportamos como robots, todo lo que pensamos, sentimos, decimos o hacemos son puras reacciones automáticas, aunque no seamos conscientes de ello. No somos conscientes de ello, porque cuando no nos elevamos de plano, cuando no transcendemos el plano de lo puramente físico, nuestra consciencia, aquella que nos permite darnos cuenta de lo que pasa, está fundamentalmente inoperante. En el ejemplo que puse antes del enfermo diagnosticado de una fibrosis quística del páncreas, si para mí fuera un simple caso biológico interesante, no sería capaz de darme cuenta de los sentimientos de confusión, pena y frustración que tiene el enfermo, al verse observado solamente como un objeto de interés clínico. Sin embargo, si yo lo veo como un ser humano con una dolencia, me daré cuenta de lo que siente y podré interactuar con él para que se sienta querido y apoyado.

**«(…) cuando el ser humano vive como
si sólo tuviera un cerebro y un cuerpo
y todo se pudiera explicar desde aquí,
vive de una manera que no es acorde
con su esencia, con aquello que lo hace
ser lo que es y no otra cosa.»**

Cuando sólo vemos en nosotros y en los demás su dimensión biológica, nuestra vida la determina una biología sobre la que opera cierta programación mental. El hecho de que un animal viva sólo en un plano biológico no le impide interactuar eficientemente con la naturaleza que lo rodea. Sin embargo, cuando el ser humano vive como si sólo tuviera un cerebro y un cuerpo y todo se pudiera explicar desde aquí, vive de una manera que no es acorde con su esencia, con aquello que lo hace ser lo que es y no otra cosa.

Cuando prescindimos de ese plano donde reside lo más hermoso de nuestra humanidad, aquello que hace que los demás nos importen y que establezcamos vínculos emocionales con ellos, entonces todos perdemos. Porque es en ese plano donde transcendemos, superamos nuestra biología, donde se hace posible la verdadera comprensión, la compasión y el perdón.

Por eso, cuando prescindimos de esa dimensión de nuestra humanidad, de forma automática nos sentimos profundamente separados de los demás e incluso amenazados por ellos. Desde la dimensión de máquina biológica, los demás no cuentan, porque cuando uno se siente amenazado, sólo cuenta él mismo. Nos creamos por ello una especie de armadura que nos permite esconder nuestra percepción de vulnerabilidad. Sin embargo, esta misma armadura nos aísla aún más de los demás y hace que no podamos movernos con ligereza.

Cuando estamos atrapados en nuestra dimensión de máquina biológica, todo lo que hacemos en el presente y lo que podemos hacer en el futuro, no es que esté influido por el pasado, sino que está completamente determinado por él, ya que responde a una programación. Si nos damos cuenta, esta es la razón por la que repetimos una y otra vez los mismos hábitos que tantas veces nos consta que son contraproducentes y que nos cuesta tanto eliminar.

Por su propia definición, cuando somos sólo máquinas biológicas, la única inteligencia que podemos mostrar es la que corresponde a la inteligencia de la máquina, que es una inteligencia bastante limitada. Por ello, ni existe la claridad mental para tomar decisiones efectivas, ni existe la capacidad para asociar distintos conceptos aparentemente no relacionados, algo que está en la misma base del pensamiento creativo. Las máquinas no son creativas aunque puedan parecerlo. Esta es una de las consecuencias fundamentales: la reducción de nuestra capacidad para relacionarnos creativamente con nuestro entorno.

No quisiera dar la impresión de que la dimensión de máquina biológica es mala, sino que cuando esta dimensión es la única que existe en un momento determinado, sencillamente nos priva de lo que verdaderamente define nuestra esencia como seres humanos. No puede haber una adecuada gestión emocional desde la dimensión de máquina, porque la máquina sólo es capaz de movilizar ante determinados eventos una serie de emociones y no otras, pues así se lo dicta su programación en parte mental y en parte biológica. Así, por ejemplo, frente a la persona poco amable, desde la sola dimensión de máquina, no es posible que aflore ni la compasión, ni el perdón, sino tan sólo el resentimiento o la respuesta airada.

Por eso, me gustaría hacerle una propuesta: cuando usted vea que darle vueltas y vueltas a algo sólo le produce irritación y desesperanza, es inútil que siga pensando una y otra vez sobre lo mismo, porque está usted dentro de su plano de máquina biológica, completamente englobado por ella, y por lo tanto es incapaz de pensar creativamente. Cuando usted se desespera porque después de hacer esfuerzos durante años por cambiar ve que no ha cambiado, es importante que se dé cuenta de que lo que usted ve no es la única realidad que existe. Sin embargo, es la única que va a poder ver si no se eleva de plano y alcanza una nueva perspectiva.

Cuando usted no comprende ciertas cosas, no aprende lo suficientemente rápido o no se siente capaz de alcanzar sus metas, no es porque usted carezca de la capacidad para poder hacerlo, sino porque los talentos y capacidades que necesita están en otro plano, en otra dimensión. Esos talentos y capacidades no se encuentran en el plano o dimensión de la máquina biológica, que es esencialmente la dimensión gobernada por nuestro yo superficial, nuestro ego. Lo que ocurre es que estamos tan acostumbrados a experimentarnos a nosotros mismos desde esta única dimensión, que no se nos pasa por la cabeza que haya algo más. Esto de lo que estamos hablando puede ser algo muy ilusionante, porque nos lleva a darnos cuenta de que somos mucho más de lo que habitualmente pensamos que somos. Esto no es una invitación a la arrogancia, sino al justo reconocimiento.

Vamos a ver ahora algunas características de nuestro comportamiento cuando actuamos exclusivamente como máquinas biológicas programadas. La máquina biológica, el robot humano, ha de estar experimentando de manera continua que controla lo que sucede, que puede predecir las cosas, que está al mando de lo que pasa. Esto es así porque ve lo exterior como distante y ajeno, y por eso como una amenaza potencial. Cuanto menor sea esta sensación de control, la máquina biológica más se va a encerrar dentro de sí misma. Por otra parte, la máquina biológica ha de sentir que los demás la valoran, la reconocen, le prestan atención, de la manera en la que ella considera que hay que expresar esa valoración, ese reconocimiento y esa atención. La máquina ha de percibir que es admitida, que se cuenta con ella, que no se la deja de lado. Recordemos que todo responde a una concepción que se tiene del mundo y a una programación previa.

Cuando los seres humanos vivimos exclusivamente en nuestra dimensión de máquina biológica y sentimos que no controlamos lo que sucede, que no se nos valora o se nos acoge, se disparan todas las alarmas y nuestro pensamiento y nuestras conversaciones sólo giran alrededor de la búsqueda de por qué está sucediendo esto. Rápidamente notamos cómo nos tornamos hipersensibles y reactivos, y de una manera continua nos obsesionamos con descubrir si verdaderamente se cuenta o no con nosotros. Es entonces cuando aparecen la frustración, el resentimiento, la ira, las ganas de revancha. Nuestra reacción nos parece muy normal y podemos justificarla con lo que para nosotros es una serie de datos y hechos incuestionables. Sin embargo, todo lo que está sucediendo, está sucediendo precisamente dentro de la máquina y, por lo tanto, de esa dimensión no puede salir nada realmente valioso ni constructivo.

Nuestra gran oportunidad es la de despertar nuestra consciencia para darnos cuenta de cómo está operando la máquina. Si podemos contemplarnos como si estuviéramos fuera, observando curiosos el funcionamiento de la máquina, es porque ya no somos sólo máquinas. Si en ese momento fuéramos sólo máquinas, no podríamos observar a la máquina, porque estaríamos plenamente envueltos en ella. Por eso insistía mucho en el ejercicio de gestión del miedo en que nos observáramos, porque quería que lográramos poder crear ese espacio desde el cual se observan las reacciones de la máquina humana. Usando la metáfora del pez dentro del agua, el pez no puede observar el agua como si fuera un pájaro, porque está completamente envuelto por dicha agua y, por lo tanto, no puede tener consciencia de nada que sea externo a dicha agua. Cuando vive en el plano del agua, ni se le pasa por la cabeza que exista el plano de la tierra o del aire. La importancia de aprender a salir de la dimensión de máquina es que nos permite acceder a un espacio de descubrimiento y abundancia, a partir del cual se puede crear una vida nueva. Cuando uno utiliza su dimensión de máquina biológica para lo que las máquinas han de existir, que es la de realizar automatismos rápidos y útiles, y a su vez reserva su dimensión específicamente humana, para tomar decisiones clave, trabajar en sus proyectos vitales y relacionarse con los demás, entonces se abren nuevas oportunidades de crecimiento y evolución. Desde la dimensión exclusiva de máquina biológica programada, sólo se ve a los demás como simples máquinas, como simples objetos materiales, y por eso se los utiliza. El valor de las otras personas radica en su utilidad para mí y en lo que pueden ayudarme a alcanzar. No tiene sentido que nos importe la dimensión humana de otra persona, cuando nuestra propia dimensión humana ha desaparecido, desde el mismo momento en el que vivimos sólo en la dimensión de máquina. ¿Cómo voy a reconocer otra dimensión en los demás si soy incapaz de reconocerla en mí mismo?

Vamos a dedicarnos ahora a conocer un poco mejor la naturaleza de esa programación que se entrelaza con nuestra biología y nos hace comportarnos como robots con aspecto humano.

El primer elemento clave que tenemos que considerar es lo que se denomina la cosmovisión. Se trata de una representación mental que todos tenemos de cómo es el mundo y de cómo somos nosotros. Esta cosmovisión marca todas nuestras referencias de comprensión, de interrelación y de aprendizaje. Aunque yo viva dentro de un mundo más grande, que es el que existiría aunque yo no existiera, también vivo como si el único mundo que existiera fuera el que yo he generado en mi mente. No cabe duda de que ambos mundos tienen muchos puntos en común, porque si no la supervivencia como individuos y como especie no sería posible. Sin embargo, lo que más nos interesa es darnos cuenta de las diferencias entre ambos mundos, el que hay y aquel que yo creo en mi mente y que determina la manera en la que me relaciono con el mundo que hay. Yo puedo estar tan apegado a mi visión personal del mundo que, aunque en la realidad no pare de darme batacazos, buscaré cualquier otra explicación que no sea que la lectura que estoy haciendo del mundo es incorrecta o incompleta.

El segundo factor que constituye la esencia de la programación de la máquina es su sistema de interpretación y valoración, en base a dicha representación interna que se ha hecho. Nosotros sólo podemos hacer valoraciones según nuestros propios sistemas de referencia. Si yo, por ejemplo, soy un experto en climatología, podré valorar ciertos fenómenos atmosféricos de una manera radicalmente diferente de si no lo soy.

El tercer factor clave en la programación son las emociones, es decir, los cambios físicos asociados a sentimientos, que se producen cuando yo estoy viviendo ciertas experiencias.

«Lloyd Alexander: "Una vez que tienes el valor de mirar al mal cara a cara, de verlo por lo que realmente es y de darle su verdadero nombre, carece de poder sobre ti".»

Si comprendemos la manera en la que interactúan esos tres elementos, podemos entender mucho mejor cómo funciona la máquina humana y es entonces cuando podemos gestionarla de una manera mucho más efectiva. Esto lo reflejó muy bien Lloyd Alexander, aunque tal vez en otro orden de cosas, cuando dijo: «Una vez que tienes el valor de mirar al mal cara a cara, de verlo por lo que realmente es y de darle su verdadero nombre, carece de poder sobre ti».

Pongamos un ejemplo en este sentido. Imaginemos que yo me siento mal porque estoy teniendo una experiencia física dolorosa que me genera un sentimiento conectado al dolor. Puede ser que tenga una infección en la muela y que eso me genere dolor, porque el cuerpo llama la atención sobre algo que está mal, a fin de que lo solucionemos. Sin embargo, yo también puedo sentirme mal porque me siento rechazado. Algo me avisa de que mi necesidad de ser aceptado y de pertenecer no está cubierta, y eso me impulsa a hacer algo. De la misma manera que cuando aparece la infección en la muela se ponen en marcha de forma automática una serie de mecanismos para hacer frente a la infección y devolver la salud, también cuando siento el dolor del rechazo se activan de manera automática una serie de mecanismos para sentirme aceptado. Cada uno utiliza diferentes mecanismos, aunque existen patrones comunes. Por ejemplo, hay personas que se someterán a otras simplemente para sentirse aceptadas. También hay personas que intentarán llamar la atención y hablar de sus éxitos pasados, presentes o futuros para hacer valer su posición. Hay otras personas que desplegarán cargos y posesiones para deslumbrar a los demás. También hay algunos que sencillamente en su interior acusarán, despreciarán, empequeñecerán a los que supuestamente los marginan, para tener la sensación de que son tan insignificantes que no hay que tenerlos en cuenta. Finalmente están los que se aíslan y se encierran en sí mismos para intentar no experimentar el dolor. Todos estos patrones de reacción son muy rápidos, y cada uno de nosotros, con mayor o menor facilidad, puede descubrir el que utiliza con mayor frecuencia.

La máquina humana reacciona con estos patrones de conducta, no sólo cuando no se siente aceptada, sino cuando siente que no tiene el control o no es valorada. Ahí está el desafío del cambio, en el hecho de que hay que salirse de la dimensión de máquina y entrar en una dimensión radicalmente diferente, una dimensión en la que las cosas se experimentan de una manera muy distinta.

La programación que se entrelaza con nuestra biología funciona como si fuera una narrativa, un guión de vida. La máquina humana reacciona de acuerdo a esa historia que nos contamos a nosotros mismos, y en esa historia ya está descrito y bien definido quiénes somos. Es como si fuera el guión de un actor, en el que esta perfectamente descritos la manera en la que ha de reaccionar ante determinados eventos, la forma en la que ha de pensar en relación a ciertas cosas y lo que tiene que sentir cuando viva ciertas experiencias. El problema es que a este actor se le olvida que tan sólo está representando un guión, una narrativa, un papel. Para este actor que sufre la pérdida del recuerdo que sólo está representando un papel, pedirle que salga de su papel es como pedirle que vaya más allá de lo que le parece posible. Sin embargo, si no lo hace, nunca sabrá que él es mucho más que el papel que está representando. Lo que nos priva de ser felices no es la propia vida, sino que muchas veces, en el papel que estamos representando, la felicidad no existe ni tan siquiera como una posibilidad. En estos guiones de vida, cuando son limitantes, he visto con frecuencia que las personas no se sienten dignas de ser queridas, ni sienten que su propio querer pueda tener algún impacto real sobre otros. A veces, vivimos tan aferrados a algunos de estos guiones de vida que morimos y matamos antes que cambiarlos. La ignorancia de que existe una vida más allá de ese guión, de ese papel, es lo que pone en marcha el miedo cuando intentamos pensar, hablar o actuar de una manera distinta a como nos impone el guión. Muchos de los guiones que la humanidad arrastra y que han generado tanto sufrimiento tienen escritos en ellos cosas tales como: nosotros no somos suficiente, y como no somos suficiente no seremos queridos. De ahí podría venir nuestra obsesión por demostrar a los demás que sí somos suficiente. Dentro del guión, cuando es limitante, no puede crecer el amor, ya que si existe este tipo de guión es porque ha sido vivido con la fuerza de la convicción, de que somos insuficientes para ser amados. Quienes viven siguiendo este guión tienden a ocultar, por una parte, esta creencia profunda de que no son suficiente para ser amados y, por otra parte, su imperiosa necesidad de ser amados sin condiciones, es decir, sin que se apliquen criterios de suficiencia.

Cuando nuestras vidas siguen estos guiones tan estrechos, estamos como viviendo dentro de una gran mentira. Es curioso que a esa gran mentira, a esa historia, a ese papel, lo llamemos «hogar», sencillamente por la cantidad de tiempo que pasamos en él. Nuestro guión, nuestro papel es el que delimita con marcada precisión las cosas que han de ocurrir para sentirnos satisfechos, seguros, valorados y queridos. Si no se dan estas reglas, entonces nos sentiremos insatisfechos, inseguros, no valorados ni queridos. Sin embargo, cuanto más nos aferramos a nuestro papel conocido, menos podemos crecer y evolucionar. Por eso, toda transformación real sucede cuando transcendemos dicho papel y vamos más allá de lo que esperamos de nosotros o de lo que otros esperan de nosotros. En el fondo, nunca solemos salirnos de estas paralelas, de la misma manera que tampoco esperamos que el malo de la película se convierta de repente en el bueno de la película. Esto nos desconcertaría a todos. Sin embargo, si queremos ir más allá y descubrir lo que de verdad es posible alcanzar, tenemos que cambiar radicalmente lo que esperamos de nosotros mismos y rodearnos de esas personas que nos inspiran a desplegar lo mejor que hay en nuestro interior. Es esta fe, que es fe porque se cree sin evidencias, la que va a ayudarnos a despertar.

A nuestra familia hay que amarla, pero a nuestros colaboradores además hay que escogerlos, porque sólo la gente que nos está desafiando continuamente para que rompamos viejos moldes es la que va a ayudarnos a experimentar vidas más grandes y enriquecedoras. No tenemos por qué tener ningún miedo a expresar nuestra grandeza. Si no nos empujamos a nosotros mismos para llegar hasta los límites de nuestro papel y luego traspasarlos, no descubriremos ni quiénes somos en realidad, ni el verdadero potencial que podemos llegar a desplegar. Todos tendemos a huir de aquellas áreas en las que nos sentimos pequeños e incompetentes, sin acordarnos de que también nos sentíamos incompetentes cuando, siendo todavía unos niños, empezamos a aprender a atarnos los zapatos. Recordemos que vivimos de acuerdo a quienes creemos que somos y por eso, si creemos que sólo somos nuestro papel, nuestra historia, nuestra narrativa, viviremos de acuerdo a como ellos nos describan y definan, y no a como realmente somos.

**«A nuestra familia hay que amarla,
pero a nuestros colaboradores además
hay que escogerlos, porque sólo la gente
que nos está desafiando continuamente
para que rompamos viejos moldes
es la que va a ayudarnos a experimentar
vidas más grandes y enriquecedoras.»**

Seamos, pues, plenamente conscientes de hasta qué punto, estos guiones, cuando son limitantes, nos hacen dependientes de las circunstancias exteriores y de la poca o ninguna libertad interior que permiten. Si yo por ejemplo necesito que me digan cinco veces al día lo maravilloso que soy y sólo me lo dicen cuatro, me sentiré frustrado y herido. Nosotros no somos conscientes de estas reglas que actúan en nuestro interior. De lo único que somos conscientes es de esas experiencias de inseguridad, de falta de valoración y de falta de aceptación, y es a partir de estas experiencias que ponemos en marcha nuestras acciones. Lo que todos sin excepción podríamos hacer si estuviéramos fuera del papel sería extraordinario, pero lo que normalmente hacemos desde nuestro papel es decepcionante. Nos cuesta mucho salirnos de ese papel conocido y representado una y otra vez. O somos plenamente conscientes de que es preciso trascender dicho papel, dicha historia, y que nadie va a hacerlo por nosotros, o nuestra vida no será una creación, sino una mera representación de un papel. El actor sólo tendrá cierta vida mientras esté siguiendo su guión. Fuera de él no existirá porque, no hay espacio para la improvisación. Nuestro papel se creó en nuestro pasado y nosotros, a base de seguir representándolo en el presente, lo proyectamos inevitablemente en el futuro. Por eso, no puede surgir nada nuevo de nosotros ni puede aflorar nada extraordinario hasta que vayamos más allá de dicho papel y exploremos qué es lo que hay en ese otro espacio que está más allá de dicho guión.

Hemos llegado, querido lector, al final del soporte conceptual que es imprescindible tener para comprender cómo salir de la dimensión de hombre máquina y entrar en esa otra dimensión donde verdaderamente se halla el potencial humano. Es ahora cuando hemos de comprender el proceso para reclamar nuestra libertad interior porque, mientras pensemos que estamos actuando como seres libres, no haremos nada. Sólo el reconocimiento de que dentro de la dimensión de máquina no hay libertad interior y la aceptación de que durante una gran parte de nuestro tiempo la única dimensión que experimentamos es precisamente la de máquina, nos animarán a emprender el camino de la liberación. No dejaremos de tener una dimensión de máquina, pero seremos mucho más que una máquina, seremos seres humanos completos y libres. Tendremos una máquina pero no seremos máquinas.

14.
Las potencias del alma

«El conocimiento es una circunferencia que limita con la ignorancia.»

NICOLÁS DE CUSA

Como la libertad interior del hombre, y nuestra capacidad a partir de ella de transcender viejos guiones y decidir nuestro propio destino, es lo que vertebra este libro, necesitamos seguir ahondando en algunos aspectos de dicha libertad interior y de su relación con el alma.

Si consideráramos por un momento el concepto de alma equiparable al de consciencia, podríamos decir que despertar nuestra consciencia es despertar nuestra alma. Cuando nosotros despertamos, entramos en contacto con un mundo nuevo. Si hablamos por ejemplo del sueño físico, cuando suena el despertador por la mañana y abrimos los ojos, somos conscientes de que vemos un mundo diferente del que veíamos cuando soñábamos. Sería interesante dejar volar nuestra imaginación y pensar que el ser humano podría estar dormido sin saberlo. Esto nos plantea una interesante paradoja que fue descrita en la filosofía oriental por personas como Chuang Tse (siglo IV a. de C.), uno de los grandes maestros taoístas, el cual nos hace una sorprendente narración:

«Una vez soñó Chuang Tse que era una mariposa que no sabía nada de Chuang Tse. De repente despertó y volvió a ser Chuang Tse. Ahora ya no sabe si Chuang Tse era una mariposa o si la mariposa soñó que era Chuang Tse».

Despertar nuestra consciencia es darnos cuenta de una realidad muy diferente de esa que estábamos soñando. Durante el sueño, nosotros no somos libres de elegir lo que soñamos. Hay una serie de mecanismos mentales que sólo conocemos en parte y que son los que lo deciden. Cuando estamos despiertos, tenemos la sensación de que somos libres para elegir. ¿Y si esto, como hemos visto en el capítulo anterior, fuera muchas veces tan sólo un espejismo, una ilusión? La única manera de poder decir si esto es cierto o no es que seamos capaces de despertar de este sueño lúcido. Tal vez entonces nos demos cuenta de que efectivamente mucho de ese tiempo, que habíamos dado por hecho que estábamos despiertos, en realidad seguíamos dormidos aunque en un sueño diferente, un sueño de libertad.

A lo largo de los siglos, desde distintas corrientes filosóficas se nos ha llamado la atención sobre esta necesidad imperiosa que tiene el ser humano de despertar. Para ello, han propuesto distintas vías que van desde el ayuno a la meditación, pasando por movimientos especiales, cánticos o por la misma oración. Todos ellos entiendo que buscan lo mismo, despertar la consciencia dormida, despertar nuestra alma para que, viendo esta nueva realidad, actúe teniendo presente ese mundo nuevo que ahora se está contemplando. Cuando las personas despertamos, empezamos a contemplar realidades radicalmente diferentes de las que antes contemplábamos, porque nuestra mirada al ganar en profundidad nos permite ver ahora lo que antes estaba oculto. Detrás de la agresividad de algunas personas vemos su profunda infelicidad y su necesidad extrema de sentirse valiosas y queridas. Detrás de nuestras reacciones automáticas no vemos la torpeza o la maldad, sino el condicionamiento durante años para reaccionar como lo hacemos. Detrás de todas nuestras conductas, hasta de las más extrañas, descubrimos estrategias más o menos efectivas para sentirnos seguros, valiosos o acogidos. Operando bajo nuestras reacciones, vemos nuestra experiencia de soledad, impotencia y desamparo. Por eso, el despertar del alma lleva inmediatamente a la aparición de unas nuevas emociones como son la alegría y la compasión.

> «A lo largo de los siglos, desde distintas corrientes filosóficas se nos ha llamado la atención sobre esta necesidad imperiosa que tiene el ser humano de despertar.»

Cuando despierta el alma, nos damos cuenta de las múltiples veces en las que rechazamos lo que la vida nos envía porque sólo somos capaces de ver en ello sufrimiento. Nos damos cuenta de que cuando sucede algo distinto a de lo que esperamos nos frustramos y nos llenamos de resentimiento. Sólo estando verdaderamente despiertos somos conscientes de hasta qué punto estamos enfrentados a la vida. Oculta, agazapada tras este rechazo, está la parte más oscura del hombre, su soberbia, su arrogancia, su convencimiento de que a él nadie tiene que enseñarle cómo ha de vivir, ni siquiera la propia vida. Sólo el despertar del alma puede ayudarnos a descubrir lo absurdo que es vivir enfrentados a aquello que nos supera. La criatura no acepta que pueda existir un creador ni una sabiduría infinita.

«Detrás de la agresividad de algunas personas vemos su profunda infelicidad y su necesidad extrema de sentirse valiosas y queridas.»

Cuando despierta nuestra alma, descubrimos que toda esa sensación de insuficiencia, de impotencia y de incapacidad que muchas veces nos acompaña en la vida, es el fruto de una definición, de una descripción que hemos hecho de nosotros mismos y que no representa toda la realidad. Sólo un alma que haya despertado puede darse cuenta de la distancia que existe entre lo que hacemos y lo que podríamos llegar a hacer. Hay que tener en cuenta que cuando nuestra alma despierta, también despiertan sus potencias: la sabiduría, la creatividad, la energía, la belleza y el amor. No hay nada más hermoso que cuando la sabiduría y la bondad actúan juntas. Nuestra alma despierta, no sólo ve ahora con mucha más claridad lo que existe, sino que además puede poner en marcha todas sus potencias para crear un impacto transformador.

Nosotros no podemos despertar nuestra consciencia, nuestra alma, a voluntad. Lo único que podemos hacer, y ya es mucho, es reconocer con humildad que muchas veces vamos por la vida como si estuviéramos dormidos. Es a partir de aquí cuando podemos poner las condiciones adecuadas para que se produzca ese despertar.

Cuando el alma despierta de su sueño, descubre que es la propia dimensión de máquina la que la tenía dormida. De la misma manera en la que contemplamos en la película *Matrix* cómo las máquinas se rebelan contra los humanos y los meten en un sueño, haciéndoles creer que están despiertos y obteniendo la energía de ellos, la dimensión de máquina nos mete a nosotros en un sueño y nos hace creer que estamos despiertos. Quien se cree despierto jamás se planteará la necesidad de despertar, porque simplemente resultaría absurdo.

Cuando el alma despierta, la máquina ha de volver a tomar su papel, que no es otro que estar al servicio del alma, de la misma manera que cualquier máquina ha de estar al servicio del hombre y no al revés. Esto, sin embargo, no le gusta a la máquina gobernada por el ego, la cual se revela contra todo aquel que quiera reducir la importancia de su papel. Simplemente reflexionemos en cómo han sido tratadas algunas de las personas que han invitado a despertar a una humanidad que se aferraba a su voluntad de poder y que, por tanto, estaba deshumanizada. A Cristo se lo llevó a la Cruz, a Sócrates se lo condenó a beber cicuta y a Confucio se lo desterró durante una gran parte de su vida.

Cuando Marianne Williamson dice que «El ser humano no tiene miedo a su oscuridad, sino a su luz», sus palabras tienen un gran sentido. Desde la dimensión de hombre máquina, lo único a lo que se puede tener miedo es a que despierte el alma, la consciencia, porque eso implica que la máquina ha de ponerse de inmediato al servicio de la consciencia. Sólo cuando nuestra alma despierta vemos las cosas de otra forma porque ahora somos distintos. Si cambia el observador, también cambia lo observado. Por eso, cuando ahora nos observamos a nosotros mismos desde la perspectiva adecuada, lejos de sentir rechazo nos llenamos de admiración y de respeto, ya que vemos cualidades sublimes que inducen respeto y vemos también cualidades bellas que generan amor. La nueva visión de uno mismo nos muestra hasta qué punto somos valiosos y hasta qué punto merecemos ser queridos. También nos muestra aquellos recursos que tenemos delante de los ojos y que hasta ahora no habíamos descubierto. Es la nueva claridad que se gana la que hace que se usen remedios nuevos en lugar de aplicar las mismas estrategias de siempre, que lo único que hacen es resurgir los viejos sufrimientos. Cuando en un mundo de máquinas se despierta, aparecen el milagro y la magia.

Tanto el esclavizado como el que esclaviza comparten algo: su ignorancia. El que esclaviza ignora la grandeza que encierra todo ser humano y por eso trata a los demás como simples objetos y no quiere abrirse a la posibilidad de que sean algo diferente. Lejos de apreciarlos y valorarlos, sólo los usa para sus fines. El esclavizado ignora el enorme potencial creativo que se halla en su interior. Por eso, puede resignarse a lo que hay, pensando que no hay para él otra opción, otra manera de vivir. Algo así nos pasa a nosotros, nuestra dimensión de máquina de alguna manera esclaviza a nuestra alma, la cual, al estar dormida, ignora su inmensa grandeza y su enorme potencial.

> «El que esclaviza ignora la grandeza
> que encierra todo ser humano y por eso
> trata a los demás como simples objetos
> y no quiere abrirse a la posibilidad de que
> sean algo diferente (…). El esclavizado
> ignora el enorme potencial creativo que
> se haya en su interior.»

Es cierto que hay opresores capaces de limitar por completo nuestra libertad física, nuestra libertad operativa y, sin embargo, nadie es capaz de limitar por completo la libertad interior de una persona, que es al fin y al cabo lo que determina la manera en la que esa persona va a vivir envuelta en esas circunstancias. Cuántas veces nos revelamos contra las circunstancias en las que nos encontramos y no hacemos nada para cambiarnos a nosotros mismos y, sobre todo, para cambiar la manera en la que nos relacionamos con esas mismas circunstancias. Aquellos que consiguen ser «señores de su propia tierra» muchas veces son observados por los demás como si fueran seres afortunados. Pocos indagan más allá del resultado para descubrir que esas personas que recuperaron su libertad perdida se sometieron a un proceso largo y complejo, lleno de luchas y sinsabores. En realidad, son las circunstancias las que nos revelan ante nosotros mismos quiénes estamos siendo frente a ellas. Nuestros pensamientos, nuestras creencias, nuestras valoraciones, lejos de permanecer ocultos, se revelan con tremenda claridad a través de esa forma de estar frente a lo que nos ocurre.

15.
Un horizonte nuevo

«Para mantener la salud, el ser humano debe tener un objetivo, un propósito en la vida que respete y por el que se sienta orgulloso de luchar. La inspiración en un ideal y en un propósito común es la mejor manera de ayudar a cada persona a soportar las penalidades.»

HANS SELYE

Las dos palabras clave para crear un horizonte nuevo son: FE y COMPROMISO. Sólo la plena convicción de que se puede crear una nueva realidad puede llevarnos a superar toda duda y escepticismo. Nadie va a embarcarse en el proceso de crear una nueva realidad si no se cree que ello pueda ser posible. Sólo del creer puede nacer un crear. Nuestro verdadero reto no es dedicar nuestra vida a resolver uno a uno todos los problemas que van apareciendo, sino disponernos a crear una nueva realidad que no sea predecible desde el pasado, desde nuestro papel, desde nuestro guión, desde nuestra narrativa personal.

Por todo ello, cuando se experimenta la tensión propia de la caída, del error, de la torpeza, del hundimiento, es muy importante que el mensaje que nos enviemos a nosotros mismos sea de ánimo y de ilusión y no de miedo y de desesperanza.

La renuncia, el abandono a seguir tras el error, no refleja para nada nuestra incapacidad para triunfar, sino tan sólo la debilidad tanto de nuestra fe como de nuestro compromiso. Si de verdad creyéramos que es posible triunfar y fuéramos verdaderamente conscientes de la importancia que ese triunfo puede tener en nuestra vida y en la de nuestros seres queridos, no me cabe ninguna duda de que no abandonaríamos. Por eso, lo importante es reconocerlo, porque como decía San Juan: «La verdad os hará libres». ¡Qué diferente es quedar envuelto en una conversación de máquina que lo único que hace es darle vueltas y vueltas a lo mismo, o poner en marcha una conversación creativa para descubrir qué hace que esté fallando en mi fe y en mi compromiso! Es mi experiencia personal que en estos momentos de caída uno ha de retirarse a un lugar tranquilo y entrar en un proceso de recogimiento y de reflexión, si quiere aprender lo que el error tiene que enseñarle. Si nos dejamos llevar por la conversación de máquina, notaremos rápidamente cómo empiezan a aparecer la culpa y la vergüenza y desaparece de inmediato la posibilidad de aprendizaje.

Hay una serie de preguntas que en este estado de quietud nos invitan a explorar donde normalmente no exploramos. Si recordamos al excéntrico personaje de Nasrudín, estas preguntas nos llevan a buscar las llaves donde de verdad las hemos perdido, que es en la casa y no alrededor de la farola. Las preguntas potentes sirven para despertar la consciencia, el alma, y darnos cuenta de aquello que se nos escapa.

- ¿Qué tendría que aflorar de mi interior para darle a esta situación una respuesta creativa?
- ¿De qué manera puedo mirar a este desafío para que en lugar de ver un problema que hay que resolver, descubra una nueva realidad que se puede crear?
- ¿Desde qué ángulo necesitaría mirar esta situación para no ver un problema sino una oportunidad?
- ¿Qué es lo que falta aquí que está impidiendo que yo cree eso que estoy comprometido a crear?
- ¿De qué quiere la vida que me dé cuenta? ¿Qué es lo que quiere que descubra? ¿En qué me dice que he de crecer? ¿Qué me está pidiendo que despliegue? ¿Qué es necesario que aflore en mí?

Estas preguntas no tendría ningún sentido hacerlas si no fuera porque ponen en marcha una serie de procesos extraordinarios que empiezan a asociar vivencias, recuerdos y experiencias, a fin de encontrar una respuesta a eso que preguntamos.

Sin embargo, es fácil que cualquier perturbación que se produzca en nuestra vida y que nos incomode la veamos como un problema e inmediatamente intentemos apartarla de nuestro camino. Es en estos momentos cuando es especialmente necesario recordar que, incluso ante las circunstancias más complejas, el ser humano siempre tiene libertad para elegir la forma en la que va a relacionarse con esa realidad. A esto es a lo que hemos denominado actitud. Cuando cambiamos el tipo de relación que establecemos con la realidad que es, cambia por completo la forma en la que esa realidad nos afecta.

> «Es en estos momentos cuando es especialmente necesario recordar que, incluso ante las circunstancias más complejas, el ser humano siempre tiene libertad para elegir la forma en la que va a relacionarse con esa realidad. A esto es a lo que hemos denominado actitud.»

No es que nosotros creemos la realidad, es que creamos una u otra experiencia dependiendo de la manera en la que nos estamos relacionando con las circunstancias que estamos viviendo.

Si yo rechazo una realidad porque no me gusta y me genera dolor, haré todo lo posible para manipularla en un intento de controlarla para que sea como yo quiero que sea. Recordemos cómo en nuestra dimensión de hombre máquina, una necesidad fundamental es dominar, manejar, controlar. Por eso, cuando estamos englobados por esta dimensión, lo que nos interesa no es conocer la Naturaleza y adaptarnos a ella, sino manipularla, controlarla, dominarla, someterla. Sin embargo, la dimensión del hombre máquina está tan alejada de ciertos aspectos del mundo real que, lejos de conseguir lo que se pretende, se obtiene justo el efecto contrario, ya que el rechazo por una parte y el deseo de controlar por otra, generan una intensificación de la resistencia. Es un juego destinado al desgaste y al desastre. Esta dinámica mental, por su propia naturaleza, hace que veamos las dificultades como problemas y no como invitaciones para crear algo nuevo. Cuando se ve algo como un reto y no como un problema, se movilizan energías radicalmente diferentes y uno se acerca a dicho reto con ilusión y entusiasmo, ya que lo percibe única y exclusivamente como la posibilidad de que aflore algo valioso. La ilusión y el entusiasmo hacen que nuestra inteligencia, nuestra memoria, nuestra imaginación y nuestra voluntad se muevan en un plano de actuación radicalmente diferente de aquel en el que se mueven cuando hacemos las cosas de forma rutinaria y sin especial interés.

Los recursos más valiosos de la persona no están en la dimensión de la máquina, por muy sofisticadas que puedan ser las actuaciones desde esta dimensión. Las grandes potencialidades del hombre están en esa otra dimensión, mucho más profunda, que es el espacio del ser. Por eso, la pregunta que todos podríamos hacernos sería la siguiente: si este espacio del ser es tan imponente y potente, ¿por qué no lo experimentamos con más frecuencia? ¿Por qué tantas veces vivimos atrapados en nuestra dimensión de máquina? La respuesta es sencilla pero no simple. No estamos conectados habitualmente a ese espacio porque no sabemos que existe, ya que se trata de un espacio virtual, de algo que, aunque existe, mantiene su existencia oculta. Para explicar qué es un espacio virtual voy a poner un ejemplo del mundo de la medicina.

El espacio pleural es, valga la redundancia, un espacio que existe entre los pulmones y la caja torácica. Para la persona que no lo conoce, parece que no hay espacio y que los pulmones y la caja torácica están pegados. Sin embargo, ese espacio es muy real, pero está ocluido.

Es un espacio entre una hoja llamada la pleura visceral que está adherida al pulmón y otra hoja que se llama la pleura parietal que está pegada por dentro a la caja torácica. Entre ambas hay una pequeña cantidad de líquido que favorece el deslizamiento de ambas hojas pleurales. Cuando, por ejemplo, se produce un accidente, se fractura una costilla y esta pincha el pulmón, entonces el aire que está dentro del pulmón entra en el espacio pleural, abriéndolo. Ello origina lo que se llama un neumotórax y en él se produce un colapso del pulmón, una verdadera retracción de este. Por eso, los médicos tenemos que colocar un tubo con lo que se llama un sello de agua, para aspirar ese aire y permitir que el pulmón se expanda de nuevo.

Este es un ejemplo de cómo un espacio virtual se transforma en un espacio real. También para que nuestra alma despierte tenemos que transformar el espacio virtual de la consciencia en un espacio real. Al igual que una planta necesita un espacio de tierra para crecer, nuestra consciencia necesita que abramos un espacio en nuestra mente para que pueda despertar y desplegarse. El trabajo que hay que hacer para crear este espacio choca con nuestra incredulidad a la hora de considerar que hay más cosas que las que vemos, cuando observamos la realidad sólo desde nuestra dimensión de máquina. El trabajo de abrir ese espacio es un trabajo de quitar obstáculos, para que puedan abrirse de esta manera las puertas del alma. Para lograr esto, hay que eliminar todas las razones y justificaciones que intentan convencernos de que ese nuevo horizonte que queremos crear en nuestra vida es sólo una idea absurda, utópica e inalcanzable. Además, hay que tener presente la prioridad que ha de ser para nosotros trabajar en la creación de ese nuevo horizonte. Sólo la fe, es decir, creer sin evidencias, puede abrirnos el camino hacia lo que de verdad es posible. Finalmente, hay que asumir que vamos a cometer muchos errores y que vamos a tener importantes fracasos. Por eso es tan importante diseñar un plan estratégico donde establezcamos el apoyo que vamos a necesitar y lo que vamos a hacer para aprender, cuando dichos fracasos se produzcan. Desarrollar la fe, por una parte, en nuestros propios talentos y capacidades y, por otra, en el éxito de nuestro proyecto, es un verdadero ejercicio de nuestra libertad.

Esta fe nos obliga a abandonar todas esas conversaciones donde nos atacamos a nosotros mismos y donde llenamos nuestro camino de dudas y desconfianza.

Si cambiamos el tipo de conversaciones que tenemos con nosotros mismos, también acabaremos cambiando la realidad en la que vivimos. Recordemos que nuestro papel, nuestra identidad, está con frecuencia lleno de restricciones y de limitaciones que proceden de nuestro pasado y que sólo reflejan eso, algo pasado que fue y que por tanto no tiene por qué volver a ser. Todos tenemos razones para justificar de una forma creíble para nosotros por qué no podemos alcanzar algo. Sin embargo, todas estas razones y justificaciones sólo provienen de nuestro papel, de nuestro guión, de nuestra narrativa personal. Nuestro pasado es sólo una historia que hemos construido y que nos ha llevado a nuestro presente, porque basándonos en esa historia que nos hemos contado a nosotros mismos hemos ido tomando las decisiones y hemos ido emprendiendo las acciones que a su vez nos han llevado en gran medida al lugar donde ahora nos encontramos. Un nuevo horizonte es una invitación a superar esas restricciones que el pasado, convertido en el guión de nuestras vidas, intenta imponernos. Esa narrativa, ese guión, nos mete en un estado de trance, nos envuelve, nos absorbe por completo. Ya no somos personas que actúan siguiendo un guión, sino que es muchas veces el propio guión el que actúa a través de nosotros, sin darnos mucha posibilidad de salir de él. De alguna, manera aunque no nos demos cuenta de ello, acabamos concluyendo que nuestro guión representa la totalidad de lo que somos. Por eso y con tanta frecuencia nos relacionamos con las circunstancias como si ellas lo determinaran todo y nosotros nada. Es esencial recuperar esa fe, esa confianza en que nosotros podemos crear nuestra forma de relacionarnos con esas circunstancias. En este nuevo espacio en el que uno entra cuando se sale de su guión personal, las acciones que se toman generan resultados mucho más positivos. Cuando no consigamos nuestras metas y sólo conozcamos el fracaso durante nuestro caminar, es esencial resistir, seguir adelante, no tirar la toalla. En esos difíciles momentos, es importante resistir la tendencia a enfocarse en la búsqueda de las causas que han generado esos pobres resultados, porque ese mismo análisis nos mete de nuevo y rápidamente en la dimensión de máquina. El hombre, cuando está dominado por su dimensión de máquina, tiene muy preestablecidos los esquemas mentales que atribuyen automáticamente ciertos resultados a ciertas causas. Sin embargo, lo que podríamos hacer es diferente, porque ahora lo esencial es reflexionar sobre cuál ha sido el nivel de fe y de compromiso que se han mantenido cuando se emprendieron esas acciones. En el fondo, la pregunta no es: ¿cuál ha sido la causa de estos resultados?, sino: ¿quién he sido yo cuando he emprendido estas acciones?

La clave de este enfoque es que el énfasis no lo pongo tanto en lo que hago, sino en quién estoy siendo yo mientras hago lo que hago. Es decir, que el peso no se pone en la acción que se ha realizado, sino en la dimensión de la persona que estaba aflorando cuando se realizaba dicha acción. Cuando hacemos este ejercicio de introspección, nos damos cuenta de que muchas veces ha faltado verdadera determinación en nuestras acciones porque nos faltaba fe y nos faltaba un verdadero compromiso. Ahí es donde hemos de trabajar. Sólo una reorganización del mundo interno puede llevar a una reorganización del mundo externo, ya que ambos son dos dimensiones de lo mismo y, aunque sí se pueden diferenciar, no se pueden separar. Son estas conversaciones las que hemos de tener y no esas otras que nos parecen tan sensatas y que lejos de acercarnos a la verdad nos alejan de ella. Recordemos que nuestro estado de ánimo no es sino la consecuencia de una conversación que está teniendo lugar en nuestro interior. Es nuestra narrativa interior la que genera conversaciones que nos hacen sentirnos asustados, pequeños e impotentes. Recordemos una vez más las palabras del filósofo austriaco Ludwig Wittgenstein: «Los límites de mi lenguaje son los límites de mi mundo». El futuro lo creamos con una conversación en el presente. Si no queremos crear una nueva realidad, está bien, pero entonces tenemos que dejar de quejarnos. Si no queremos comprometernos en generar una nueva realidad, no vale la pena enfadarse por la que hay. Ello para nada implica que se pueda crear esa nueva realidad de forma inmediata, sino que abrazamos el proceso que va a estirar nuestras capacidades para que, poco a poco, esa realidad que nosotros hemos creado tan sólo a nivel mental empiece a manifestarse en el mundo físico. Como estamos viendo, en la creación de ese espacio imprescindible para que el alma despierte, es fundamental utilizar la imaginación para visualizar aquello que anhelamos y que no sabemos todavía cómo podemos alcanzarlo.

Cuando hay una auténtica comprensión, comienza el camino de la transformación, porque empezamos a obrar de acuerdo a esa nueva realidad que ahora contemplamos. Invito al lector a recordar que la mayor parte de esa comprensión no surge del conocimiento ni de la experiencia pasada que está registrada en nuestra memoria, sino del espacio nuevo que se abre en la mente a través de la reflexión paciente y confiada. Sólo este espacio proporciona la quietud, el recogimiento y la serenidad interior que son tan necesarios para oír, no nuestras conversaciones repetitivas y automáticas procedentes de nuestra dimensión de máquina, sino la voz que procede de nuestra alma, de nuestra consciencia despierta, de nuestro maestro interior.

«Si quiero que empiece a surgir algo nuevo en mí, hay cosas que tengo que dejar de hacer y también hay cosas que tengo que empezar a hacer, estando dispuesto a pagar un precio por ello.»

La transformación personal, fruto del despertar del alma, suele tener lugar después de un periodo intenso de lucha y aguante, muchas veces en medio de la confusión y el dolor. Si quiero que empiece a surgir algo nuevo en mí, hay cosas que tengo que dejar de hacer y también hay cosas que tengo que empezar a hacer, estando dispuesto a pagar un precio por ello. No cabe duda de que aflorar esos talentos y capacidades que todos tenemos y que no sabemos que tenemos es una gran meta. Sin embargo, es importante recordar que lo importante cuando se persigue una gran meta no está en obsesionarse en conseguir esa meta, sino en el tipo de transformación que se va obrando en nosotros a lo largo del camino. Se trata de ejercitar el «músculo de la reflexión» o, lo que es lo mismo, la inteligencia reflexiva, para que no nos quedemos atrapados de forma permanente en un pensamiento algorítmico, más típico de seguir mecánicamente un protocolo que de encontrar una respuesta creativa.

16.
Valores con mayúsculas

«Para vivir, el hombre debe actuar; para actuar, debe tomar decisiones; para tomar decisiones, debe definir un código de valores; para definir un código de valores, debe saber qué es y dónde está; esto es, debe conocer su propia naturaleza y la naturaleza del universo en el cual actúa.»

LUDWIG WITTGENSTEIN

En el museo Guggenheim de Bilbao encontré una sala que despertó en mí una gran curiosidad. A través de una estrecha puerta se entraba en una habitación con cuatro paredes blancas. En la pared del fondo se estaba proyectando una película: un hombre de gran corpulencia y con la cabeza completamente rapada escalaba con dificultad un muro. Cuando había llegado arriba se encontraba con otro muro igual que el anterior. De nuevo usando sus poderosos brazos tiraba de su cuerpo cada vez más agotado hasta conseguir subirlo. Para su desolación, enfrente había otro muro y luego otro y otro, en una serie que nunca parecía tener fin. Recuerdo bien la ansiedad que producía contemplar a ese ser humano jadeante y extenuado cuyos esfuerzos no parecían tener ningún sentido.

Colgada en una de las paredes de la habitación y apenas visible por la tenue luz existente, había una rueda de madera. La rueda tenía la forma de una escalera circular. Los pequeños escalones que la formaban recordaban a los muros que el hombre de la película escalaba una y otra vez. Pero lo más sorprendente de todo es que la rueda no giraba hacia delante sino hacia atrás. Privado de la adecuada perspectiva, aquel hombre creía que avanzaba cuando en realidad siempre seguía estando en el mismo lugar. Cautivo de su propia perspectiva, nunca habría aceptado que esta era la realidad.

En 1904, el fisiólogo ruso Ivan Petrovich Paulov recibió el premio Nobel de Medicina y Fisiología por su descubrimiento de los reflejos condicionados. Paulov observó, mediante una serie de elegantes experimentos, que cuando un perro contemplaba una apetitosa comida su estómago producía una gran cantidad de ácido. Esto, que ocurre también en nosotros, se denomina fase cefálica de la digestión y puede suponer el noventa por ciento de la producción de ácido del estómago. La gran aportación de Paulov consistió en hacer sonar una pequeña campana cada vez que el perro veía la comida. A base de presentar de forma simultánea y repetida ambos estímulos, la comida y el sonido de la campana, consiguió que el cerebro inconsciente del animal asociara ambos estímulos. A partir de ese momento bastaba con que Paulov hiciera sonar la campana para que el estómago del perro produjera una enorme cantidad de ácido aunque el animal no tuviera delante de sí ninguna comida. Los descubrimientos de Paulov tienen una gran transcendencia para comprender algunas de las facetas más complejas y paradójicas del comportamiento humano. Nuestros cerebros son sin duda mucho más complejos que los de cualquier animal y, sin embargo, pueden, como ya hemos visto, ser programados de la misma manera. Desde que somos pequeñitos nuestra propia cultura, la que entre todos hemos creado, hace que perdamos la capacidad de sorpresa y de hacernos preguntas. Parece como si tuviéramos que saberlo todo y que preguntar fuera un signo indiscutible de nuestra ignorancia. Resulta evidente, por ejemplo, nuestro excesivo sentido del ridículo cuando tenemos que practicar otro idioma o tan sólo exponer nuestras ideas en público. Aprendemos a juzgar y a etiquetar cuando nuestra propia naturaleza nos dice que exploremos si queremos llegar a comprender. Vivimos continuamente pendientes de no defraudar las expectativas de los demás, y cuando creemos que lo hemos hecho, se apodera de nosotros un hondo sentimiento de culpa. Nuestra dirección ya no la marca lo que por naturaleza es adecuado, sino lo que por cultura es correcto. De esta forma, cuando hacemos lo que se supone que debemos hacer, aprendemos a sentir placer. Por el contrario, cuando no lo hacemos sentimos un profundo dolor, el dolor de no ser aceptados por el grupo, de ser apartados de él. Nuestro inconsciente ya ha sido programado y a partir de ese momento dirigirá nuestra inteligencia, nuestras emociones y nuestra imaginación para que no nos salgamos de las paralelas fijadas. Esto puede generar todo tipo de tropiezos y de fracasos en personas que por su capacidad podrían triunfar y hacer realidad sus aspiraciones.

Un arquitecto de Los Ángeles que no era muy conocido ganó un concurso para realizar un rascacielos en la ciudad. Este era un proyecto inesperado en su carrera profesional, y cuando se presentó la verdad es que no tenía mucha confianza en ganarlo. Sin embargo, aquel arquitecto lo ganó, y eso suponía un salto espectacular en su prestigio como profesional. De un día para otro y sin esperarlo, se encontró con la posibilidad de «codearse con los grandes arquitectos del país». Llegados a este punto de la historia, me gustaría comentar un detalle de la historia personal de nuestro hombre: este arquitecto había padecido un severo problema de alcoholismo durante años, pero hacía tres años que no había vuelto a probar una sola gota de alcohol. En la fiesta de presentación del proyecto y del ganador del mismo ante la prensa y ante muchos otros invitados conocidos y relevantes, el ganador, sin saber por qué, empezó a encontrar irresistibles algunas de las copas que pasaban por allí. Primero tomó una, pensando que aquel triunfo había que celebrarlo y que una copa al fin y al cabo no podía hacerle daño. Sin embargo, después tomó otra copa y otra, ¡claro, hacía tanto calor! Finalmente se emborrachó y se puso violento. Uno de los dueños de la empresa constructora del rascacielos intentó calmarlo, pero el arquitecto le pegó un puñetazo. El resultado es que se armó un enorme escándalo y el arquitecto fue inmediatamente descalificado. Tiempo después le comentaba a un conocido: «¿Sabes?, en mi casa tenían razón cuando me decían que nunca llegaría a hacer nada grande en la vida».

¿Cómo vamos a tener sensación de control en nuestras vidas si nos hemos olvidado de pensar porque nuestros hábitos aprendidos nos empujan de forma inconsciente a actuar siempre en una dirección por ellos determinada? Por eso a veces es tan difícil cambiar porque, aunque nuestra voluntad empuje hacia delante, algunos de nuestros hábitos nos mueven hacia atrás. Exactamente lo mismo que le ocurría al hombre de la película que yo veía en el museo Guggenheim. Ante esto, puede ser bueno recordar que más importante que la inteligencia o los conocimientos que podamos tener, es el pensamiento que dirige esa inteligencia y que aplica dichos conocimientos. La percepción continua de falta de control sobre lo que nos sucede, de estar siempre a merced de las circunstancias, produce estrés crónico, y este se asocia a un aumento de las enfermedades osteoarticulares, de las cardiopatías e incluso del cáncer. Además, el estrés mantenido reduce nuestro nivel de energía y merma nuestra memoria, nuestra inteligencia y nuestra imaginación.

Busquemos los valores que nos hacen crecer, aquellos que mueven al ser humano a encontrar lo mejor que hay en su interior: a cooperar por encima de competir, a buscar la verdad por encima de obsesionarse con tener razón, y a escuchar para intentar comprender cómo ven el mundo los demás.

«La situación que vive el mundo, con sus angustias económicas y su permanente incertidumbre, tiene desde mi punto de vista sus raíces precisamente en eso, en una falta de referencias y de valores que estén alineados con nuestra naturaleza.»

Hace 500 millones de años el primer cerebro apareció en el mar, y hace más de dos millones de años que los primeros humanos caminaban por las sabanas africanas adaptándose continuamente a un mundo en perpetuo cambio. Durante todo este tiempo nuestro cerebro ha ido acumulando enormes capacidades y profundos conocimientos, precisamente lo que nos ha permitido sobrevivir a pesar de tanta dificultad. Sócrates nos decía que el conocimiento estaba ya dentro de nosotros y que la educación no era sino el arte de aprender a extraerlo. Si dejamos de hacer lo erróneo, de manera espontánea empezará a aparecer lo correcto. Cuando algunos de nuestros automatismos nos muevan a actuar sin darnos tiempo a pensar, parémonos un instante a buscar lo importante, aquello que no lo encontraremos fuera, porque ya está en nosotros, la posibilidad de vivir de acuerdo a unos firmes valores, unos valores que guían nuestra vida, que nos hacen crecer y evolucionar a lo largo del camino que nos lleva a alcanzar nuestra plenitud.

La situación que vive el mundo, con sus angustias económicas y su permanente incertidumbre, tiene desde mi punto de vista sus raíces precisamente en eso, en una falta de referencias y de valores que estén alineados con nuestra naturaleza. No son valores que dependan tanto de la cultura, sino de aquellos principios que, cuando se siguen, nos ayudan a descubrir el verdadero sentido de nuestra vida, a crecer y a seguir no una idea, sino un ideal.

La lista de valores puede ser muy extensa, y por eso voy a seleccionar aquellos que desde mi perspectiva son esenciales para el desarrollo del carácter. Recordemos que el temperamento es aquello con lo que nacemos y que el carácter es aquello que desarrollamos a través del ejercicio de nuestra libertad interior. Soy consciente de que voy a dejar muchos valores importantes en el tintero. Sin embargo, creo que si cultiváramos cualquiera de los valores que voy a proponer, nuestra capacidad para crear un impacto positivo en el mundo se acrecentaría de una manera muy notable. Describir los valores no es fácil y por eso, cuando lo haga, voy a presentarlos desde distintos ángulos para que cada uno de nosotros sepa cuán desarrollados los tiene y que también se dé cuenta de lo que podría hacer si quisiera desarrollarlos más. El entrenamiento en valores nos saca de la dimensión de máquina y empieza a abrir ese espacio que ha de existir para que nuestra alma despierte. Es elección de cada uno decidir qué valores quiere que imperen en su vida y cómo quiere que imperen. La decisión es importante, porque lo que está en juego es nuestro propio destino y la manera en la que vamos a impactar en el de otras personas.

Los valores definen nuestra forma de vivir, nos orientan e informan todas nuestras acciones. Nosotros vivimos de acuerdo a aquellos que son nuestros valores. Toda nuestra vida es una expresión de nuestros valores. Los valores se eligen, los valores se tienen, los valores se entrenan, los valores se descubren, los valores se ponen en marcha y los valores se transmiten. El tipo de valores que tenemos nos definen como personas porque son, como ya hemos comentado, los que construyen nuestro carácter.

1. Amistad

No me refiero a cualquier tipo de amistad, sino a Amistad con mayúsculas. Amistad es aquello que experimentamos las personas cuando sentimos que alguien siempre estará a nuestro lado, tanto en los momentos de alegría, para disfrutarlos con nosotros, como en los momentos de angustia, para hacernos sentir que nunca estamos solos. Cuando hay de verdad Amistad, transmitimos el mensaje de que tú y tu bienestar son una prioridad para mí, y por eso estoy dispuesto a hacer lo que no me es agradable ni cómodo para estar a tu lado cuando tú más lo necesitas. Eso es verdaderamente compartir destino.

La Amistad se sustenta sobre esos vínculos emocionales que generamos unos con otros y que nos hacen sentirnos siempre en familia, siempre atendidos, respetados y queridos. Cuando existe Amistad nos sentimos confiados para expresar nuestra vulnerabilidad y nuestros miedos sin temor a ser juzgados o rechazados. Cuando la Amistad está presente, no es necesario luchar para que se nos preste atención, o para sentirnos valorados, porque en cualquier circunstancia nos sentimos así, de esa manera.

La Amistad es lo que nos da la capacidad de perdonar y de olvidar y también la que nos impulsa a decir lo que no es cómodo decir y que es necesario decir, para ayudar a otras personas a plantearse cosas que son importantes en su vida y que tal vez no se estén planteando.

2. Alegría

La Alegría la descubrimos y la experimentamos cuando orientamos nuestra vida a la búsqueda auténtica de la Verdad. La Alegría se percibe como un sentimiento interno y muy profundo de gozo. Es, además, cuando uno experimenta la contemplación de la Verdad, cuando desaparecen la ansiedad, la preocupación y el miedo. La Alegría acompaña a la percepción incomparable de estar siempre acompañado y de ser siempre querido. Es también la sensación que a uno lo embarga cuando recupera su libertad interior. La Alegría es aquello que nos envuelve cuando entramos en esa dimensión en la que el corazón puede finalmente descansar en la contemplación de la Verdad, de la Bondad y de la Belleza.

3. Reflexión

La Reflexión es lo que nos permiten desarrollar en nosotros la capacidad de ver más allá de las apariencias. A través de la Reflexión conectamos con nuestro ser más íntimo y profundo. Es a través de la quietud, del recogimiento y de la Reflexión como nos abrimos a la intuición. La Reflexión es lo que nos abre las puertas en nuestro viaje interior. Gracias a ella, podemos realizar esas observaciones y esos descubrimientos que nos acercan a una realidad más amplia en la que todo es ley. Como consecuencia del uso de esta capacidad, crecemos y evolucionamos como seres humanos, y por eso nos transformamos en hombres y mujeres mucho más capaces para influir de manera positiva en nuestra vida y en la de los demás. La Reflexión está mucho más conectada con el verdadero comprender que con el simple saber, porque está más ligada a la sabiduría que al simple conocimiento.

4. Compasión

Compasión es conectar con la pasión, con el dolor que experimenta una persona al sentir que sus necesidades básicas no están cubiertas, al no sentirse valorado, querido, conectado. La Compasión es buscar siempre lo mejor en los demás y tratarlos de acuerdo no a como ellos se manifiestan en nuestra vida, sino a como ellos son y a como podrían manifestarse. La Compasión es la expresión de un amor incondicional, de un respeto, de una generosidad que no busca el agradecimiento ni se convierte en un mero intercambio comercial. La Compasión es comprender que detrás de la ira, la envidia, el resentimiento y la frustración, no hay otra cosa que el miedo y la tristeza. Un miedo a no ser suficientemente válido y una tristeza por no sentirse querido. La Compasión es un viaje de un ser humano hacia el interior, traspasando lo que pretendemos ser y lo que tememos ser para descubrir lo que en esencia siempre hemos sido, somos y seremos: un fragmento de Eternidad. La Compasión es no dejarse seducir por etiquetas que empequeñezcan la talla de una persona, ni convertir a nadie en un simple objeto o medio para conseguir algo.

5. Compromiso

El Compromiso es lo que nos hace ser inasequibles al desaliento, empujándonos siempre una vez más de las que nos caemos. El verdadero Compromiso evita que nos dejemos disuadir, derribar, derrumbar, amilanar o empequeñecer por las opiniones de nadie, por aparentemente experto que sea, cuando nos asegura que nuestros sueños son sólo utopías.

El Compromiso es la búsqueda continua, permanente e inagotable por alcanzar aquello que hemos declarado que es una prioridad para nosotros. Es el Compromiso lo que nos permite mantener la energía, la confianza y la determinación en medio de cualquier tipo de obstáculo o adversidad. Del Compromiso surge el valor y la audacia para estar dispuesto a arriesgarlo todo, a fin de lograr lo que tanto se anhela. También del Compromiso emerge esa paciencia inagotable, ese aguante que nos hace seguir luchando hasta que se agoten todas las posibilidades.

El Compromiso es una fuerza asombrosa que nos impulsa y que supera nuestro miedo a cometer errores, a equivocarnos en las decisiones, a quedar como estúpidos, locos, tontos o ignorantes ante otros.

El Compromiso es la firme resolución de que lo que buscamos o defendemos va a ser más importante que agradar a otros, que ser diplomáticos o que proteger el orden vigente. El Compromiso nos hace actuar como verdaderos «guerreros pacíficos» que defienden a muerte aquello que es valioso, sin perder su flexibilidad y sin necesidad de ser duros o agresivos.

Es el Compromiso el que nos mantiene centrados en la búsqueda de lo que se quiere y no en evitar aquello que se teme. El Compromiso nos lleva a estar dispuestos a pagar el precio de las críticas, el aislamiento, los ataques y las mofas por no querer doblegarnos ante las exigencias de otros. El Compromiso es aquello que hace que salgamos una y otra vez de nuestra zona de comodidad y nos enfrentemos con decisión a la incertidumbre, sin tan siquiera saber qué es lo que tenemos que hacer o cómo hacerlo. El Compromiso también es el coraje de hacerse plenamente vulnerable y atreverse a pedir ayuda. El Compromiso es lo que provoca que abandonemos nuestra inercia y nuestra pereza y hagamos lo que no es ni cómodo ni agradable de hacer y que, sin embargo, en nuestro interior, sabemos que es lo correcto.

6. Creatividad

La Creatividad es un valor y es también una capacidad esencial para encontrar nuevos e insólitos caminos. La Creatividad es el talento para crear vínculos entre dominios y cosas aparentemente no relacionadas, y generar algo nuevo que añade una indudable mejora a nuestras vidas. La Creatividad es la capacidad de ver más allá de los límites de lo que se considera lo sensato y lo posible. Creatividad es la comprensión y la utilización de los mensajes que provienen de la Naturaleza. La Creatividad es el poder para abrir ventanas donde sólo parece haber muros. Creatividad es encontrar recursos donde no parece que existan y es mirar la realidad de una manera desacostumbrada. Creatividad es ver lo oculto para descubrir nuevas posibilidades y oportunidades. La Creatividad es la que nos permite convertir dilemas en contrastes, rompiendo viejos patrones de pensamiento. La Creatividad es lo que nos posibilita materializar en el mundo físico aquello que a nivel mental es tan sólo una idea. La Creatividad nos ayuda en la búsqueda de aquellos ingredientes que transmutan unas cosas en otras, convirtiendo aquello que parece que tiene poco valor en algo que no tiene precio.

7. Entusiasmo

Entusiasmo significa «lo divino dentro de nosotros». El Entusiasmo es esa sensación de expectación ante lo que se va a abrir, ante aquello que se va a mostrar. El Entusiasmo es esa emoción que nos embarga cuando sabemos que hay un mundo nuevo, lleno de abundancia y de oportunidades, y que ese mundo es accesible para nosotros. El Entusiasmo es la respuesta ante aquello que nos enamora y que nos fascina, atrayéndonos con una fuerza irresistible. El Entusiasmo es lo que se pone en marcha cuando uno se da cuenta de lo que se puede llegar a crear y de lo que se puede llegar a lograr. El Entusiasmo es esa fuerza impulsora que nos levanta por la mañana y hace que nos entreguemos a la tarea con una fuerza y una concentración desconocidas. El Entusiasmo es ese hormigueo que uno siente frente a una oportunidad que acaba de descubrir y que no puede dejar escapar. Entusiasmo es lo que experimentamos cuando descubrimos el diamante detrás de la roca, el oro en medio del agua del río o el petróleo bajo la tierra. El Entusiasmo es la fuerza que nos impulsa a perseguir esos proyectos, esos sueños que nos obligan a actuar muy por encima de nuestras aparentes capacidades.

8. Fe

Fe es confiar en medio de la oscuridad, de la complejidad y de la incertidumbre. De la Fe emerge la valentía para dar un paso hacia delante, aunque no lo hayamos dado antes y aunque no tengamos claro lo que ha de hacerse después. La Fe es lo que hace que una persona abra su mente a explorar algo que es en sí mismo un misterio. La Fe es creer que se producen revelaciones y que pueden suceder cosas extraordinarias cuando nos atrevemos a explorar más allá de nuestros aparentes límites. Tener Fe es comprender que cuando una persona acepta la llamada a su propio crecimiento y evolución, comienzan a aparecer en su vida maestros que van a ayudarlo a encontrar el camino. La Fe es ver en cada obstáculo una oportunidad para entrenar nuestro carácter. Fe es confiar en que todos tenemos talentos y fortalezas ocultas que, cuando se despliegan, nos despiertan a una nueva realidad más grande, más auténtica y más bella. La Fe es la que hace que se desvanezcan los velos de nuestra mente y así accedamos a un nuevo mundo de magia y de posibilidad. La Fe es un relato sobre los milagros que ocurren cada día y de los que sólo nos damos cuenta cuando eliminamos ese incesante ruido que produce el conjunto de nuestros pensamientos perturbadores. La Fe es el camino que transciende los límites de lo razonable y nos lleva al mundo de lo posible. La Fe es lo que muestra el poder del Universo para afectar la manera en la que se despliega nuestra vida y para llevarnos a un nuevo y apasionante destino.

9. Humildad

La Humildad es la ausencia de soberbia, de pensar que lo que yo veo es la única realidad que existe, de creer que lo que yo puedo observar o medir es lo único que cuenta. La Humildad es lo que me da la capacidad de escuchar para entender la manera en la que otros valoran las cosas. La Humildad es lo que nos permite encontrar un maestro en la persona más sencilla y el mejor regalo envuelto en un simple papel de periódico. La Humildad es lo opuesto a esa búsqueda compulsiva por destacar, por competir, por demostrar que se es el más brillante, el más válido, el mejor. De la Humildad surge la capacidad de admitir un error, de pedir ayuda y de solicitar el perdón. La Humildad es lo que nos lleva al reconocimiento de todo lo que se ignora y de todo lo que queda por descubrir. La Humildad evita que defendamos con rigidez y agresividad una idea y nos ayuda a abrirnos a explorar nuevas formas de ver la realidad. La Humildad también evita que nos enfoquemos sólo en nosotros, para así poder enfocarnos también en los otros. La Humildad nos lleva a mantener ese mismo espíritu de curiosidad y fascinación que tiene un niño. La Humildad nos invita a doblar la cabeza y a caer de rodillas ante aquello que en su grandeza claramente nos supera. La Humildad nos inspira a pedir consejo y guía al propio maestro interior. La Humildad es lo que se necesita para ver la belleza en los demás. La Humildad es la capacidad de aceptar lo que la vida nos manda y de confiar en que eso que nos manda es para nuestro crecimiento y aprendizaje, aunque no seamos capaces de entenderlo. Por eso, quien es en su corazón humilde fluye con la vida y se deja mecer y guiar por ella.

Cuando una persona trabaja, entrena, cultiva y vive estos valores, todo lo que hace es transformado. ¿Acaso no hay diferencia entre una misma acción, si esa acción parte de una persona arrogante o humilde? ¿No tiene un impacto diferente una misma conducta cuando es realizada por una persona entusiasta o por una persona apática? ¿Acaso olvidamos a esa persona que apenas conocemos y que, sin embargo, nos ha apoyado en algunos de los momentos más difíciles de nuestra vida? ¿Resisten de la misma manera los mismos errores las personas comprometidas y las que no lo están? ¿Tiene el mismo impacto una acción cuando ha ido previamente acompañada de una reflexión que cuando se ha tomado deprisa y corriendo? Los valores son importantes porque no afectan tanto a lo que hacemos como a lo que somos. Cuando uno vive de acuerdo a unos sólidos valores, es su alma, es su consciencia la que se expresa y, por lo tanto, se ha trascendido la dimensión de máquina.

17.
Es la hora de la acción

«Los triunfadores son gente ordinaria con una determinación extraordinaria.»

ANÓNIMO

Todos nosotros podemos recuperar nuestra libertad perdida y salir de nuestra dimensión de máquina. Si así lo decidimos, entonces tenemos que empezar a ganar control sobre cinco elementos que tienen una gran presencia en nuestra vida:

1. Nuestra conversación interior, es decir, la manera en la que nos hablamos a nosotros mismos y la forma en la que valoramos e interpretamos lo que nos sucede.
2. Las acciones que vamos a realizar y que han de realizarse, muchas veces independientemente de los sentimientos que tengamos. Este es un punto muy importante, ya que implica que nuestras decisiones han de basarse no en nuestros sentimientos del momento, sino en nuestras prioridades, en nuestro ideal y por consiguiente en nuestros valores. La clave de una acción no es sólo conseguir

un resultado, sino sobre todo cultivar unos valores y, por consiguiente, entrenar un carácter, que es precisamente lo que nos va a permitir crear nuestro destino.

3. Nuestra imaginación, para que sea fuente de ilusión y de entusiasmo y no de desánimo y desesperanza.
4. Nuestros estados de ánimo, ya que una conducta no se sostiene en el tiempo si nuestro ánimo es bajo, si nos sentimos vencidos, sobrepasados y hundidos.
5. El silencio y la reflexión, porque es el camino para conectar con el plano del ser, nuestra dimensión más profunda.

Las transformaciones en la vida se hacen posibles cuando trabajamos estos elementos con confianza y con paciencia. Es este entrenamiento el que nos permite que sea nuestra consciencia y no su instrumento, la mente, la que dirija nuestra vida. Sorprende el poco dominio que en general tenemos sobre nuestra mente y el número tan reducido de personas que son plenamente conscientes de que la mente es un instrumento que hay que gestionar, porque de lo contrario ella nos va a dominar. Sólo el alma, la consciencia es soberana.

Muchos de nosotros hemos sido programados para creer que no podemos elegir lo que queremos en nuestra vida. Muchos piensan que no pueden ir mas allá de sus aparentes límites. Es difícil ver el lado luminoso de una situación problemática. Es difícil, pero no imposible. Somos lo suficientemente poderosos como para traspasar nuestros límites y lograr lo que nos parece imposible, si así lo elegimos. Pero es necesario que hagamos la elección. Nuestras elecciones moldean nuestra realidad. La elección de cómo vamos a pensar, de cómo vamos a hablar y de cómo vamos a actuar hoy crea nuestro mañana. Por eso, elige el coraje frente al miedo, elige la confianza sobre las dudas, elige la disciplina sobre el hábito y elige el amor sobre el odio. La mente, cuando vive de espaldas al alma, te proporciona mil maneras de decir no, pero hay una única forma de decir sí y esta no viene de la mente sino precisamente del alma. La mente, cuando está cerrada a la influencia de la consciencia, es mecánica y por lo tanto sólo nos puede aportar a los seres humanos nuestra dimensión de máquina biológica sofisticada. Esta dimensión, como hemos visto en distintas ocasiones, es necesaria pero no es en absoluto suficiente. Cuando la mente se considera autosuficiente, entonces nos llenamos de limitaciones que vivimos como si fueran absolutas realidades. Por eso, acceder a ese otro plano, el de la consciencia, es transcender los límites de la mente. Es eso lo que nos permite ser una luz en el mundo y convertirnos en parte de la solución, en lugar de ir aumentando el tamaño del problema.

Por todo ello, una vez que hemos definido con precisión y claridad lo que queremos conseguir, también hemos de reafirmarnos en la importancia que conseguir eso puede tener en nuestra vida y en la de nuestros seres queridos. Es a partir de este momento cuando tenemos que actuar haciendo aquello que sabemos que hay que hacer y que tan pocas personas, lastradas por sus miedos y sus dudas, están dispuestas a hacer. Cualquier actuación que emprendamos para ir en pos de nuestra meta ha de ir acompañada de un convencimiento pleno de que vamos a triunfar aunque no tengamos la garantía de ello. Decía William James, uno de los psicólogos más clarividentes de la historia, que nos atreviéramos a pesar de nuestro miedo y entonces nos sentiríamos valientes. Una misma acción tiene un impacto radicalmente diferente si se emprende desde la duda y la desconfianza que si se ejecuta desde un sentimiento de absoluta certeza, de total convencimiento en el éxito.

Ahora vamos a practicar un ejercicio que nos permita ponernos en el estado mental adecuado antes de ponernos en marcha. Me gustaría invitarlo a que leyera primero estas sencillas instrucciones y que luego en un lugar tranquilo practicara lo que se le ha propuesto.

«Decía William James, uno
de los psicólogos más clarividentes
de la historia, que nos atreviéramos
a pesar de nuestro miedo y entonces
nos sentiríamos valientes.»

Cierre los ojos y afloje su tensión, prestando atención en primer lugar a su respiración y después a la totalidad de su cuerpo, recorriéndolo desde las puntas de los dedos de los pies hasta la coronilla. Sólo se busca que capte las sensaciones que le llegan de su cuerpo sin analizarlas, sin reflexionar sobre ellas, simplemente apreciándolas, reconociéndolas, sintiéndolas. Una vez que se sienta más relajado y sereno, visualice su meta y véase a sí mismo consiguiéndola. Vea las imágenes, escuche los sonidos, perciba las sensaciones, experimente las emociones, celebre el éxito de haber triunfado. Es importante que recuerde que usted, al hacer esto, está en un estado de trance que usted mismo ha generado y que, como irá comprobando, está teniendo una clara influencia en el funcionamiento de su inconsciente.

Ya se ha preparado mentalmente y ahora tiene que ponerse en marcha hacia su meta, hacia su desafío. Quisiera hacerle en esta etapa unas recomendaciones para su consideración. Si para usted tienen sentido, aplíquelas; si no, déjelas marchar.

Una vez que usted ha decidido que va a por una meta concreta y que por ello acepta un desafío determinado, no es el momento de pensar en las consecuencias negativas que pudieran derivarse de un posible fracaso. Ahora su atención tiene que estar plenamente absorta en la contemplación de su meta, de su logro, de su éxito. No permita que el diálogo interno disfuncional que lo llena de dudas interfiera y lo distraiga. No mire lo que teme, sino tan sólo lo que de verdad quiere. Es de gran utilidad que usted cree un mantra y que se lo vaya repitiendo a medida que avanza hacia su meta. Un mantra es una palabra o una frase corta que, cuando la dice en su interior o en voz alta, tiene el poder de movilizar su energía, lo cual es clave para que triunfe. En mi caso, yo uso el mantra: «¡Yo puedo, está en mí!». El mantra ha de repetirse una y otra vez porque lo que hace es bloquear la entrada en nuestra consciencia de esos pensamientos automáticos que, como he comentado, nos llenan de duda y de desconfianza.

Otro punto clave a considerar es que el momento de la acción no es el momento de la reflexión. Lo mismo ocurre con la reflexión, la cual tampoco da muchos frutos si la estamos, teniendo en el momento de la acción. Si andamos, andamos y si reflexionamos, reflexionamos. Lo que no tiene sentido es andar y parar para luego ponerse otra vez a andar. Si así lo hacemos, perdemos energía y momentum. El único momento para pararse es cuando se ha conseguido la meta o cuando no se ha alcanzado. Es en ese momento donde hay que ponderar y hay que reflexionar para darnos cuenta de lo que ha funcionado y de lo que no y aprender de ello para la siguiente vez.

No quisiera transmitir con mis comentarios anteriores que cuando uno va en pos de una meta no debe pararse nunca, sino que andar y reflexionar no son compatibles en el mismo momento y en las mismas circunstancias. Que no reflexionemos mientras avanzamos no quiere decir que no observemos, que no estemos atentos a lo que está sucediendo a nuestro alrededor. Es esta observación atenta de lo que ocurre la que nos ayuda a cambiar el rumbo si es necesario. Se puede perseguir una meta, un objetivo, con máxima energía, determinación y potencia, sin que por ello tengamos en absoluto que reducir nuestro nivel de atención. Los grandes atletas, cuando entran en ese espacio que se llama «la zona», están enfocados plenamente en su meta y a la vez están sumamente atentos a lo que está sucediendo en el camino.

«El único fracaso (…) sería el no haber confiado más en sus posibilidades cuando el desafío estaba pidiéndole que lo hiciera y el no haber creído suficientemente en la belleza y en el alcance de su proyecto.»

Otra sugerencia que me gustaría hacer es que cuando se ponga en marcha, ponga en marcha simultáneamente varias acciones que por caminos diferentes se dirijan al mismo objetivo. Usted no sabe cuál de las acciones que emprenda va a tener éxito, de la misma manera que un cazador no sabe cuál de los perdigones de su cartucho va a ser el que abata a la perdiz. Si usted espera el resultado de una acción antes de poner en marcha otra, probablemente va a tardar demasiado en descubrir cuál es la actuación que va a resultar más eficiente.

Y si a pesar de toda esta preparación usted no consigue su meta, ¿quiere decir eso que usted ha fracasado? Usted no ha fracasado, sencillamente no ha conseguido todavía lo que quiere. El verdadero fracaso, si realmente existiera esa cosa, sería, como comentaba el Dr. Cosgrove, no haberse estirado para manifestar todo su potencial. El único fracaso, si verdaderamente existiera algo así, sería el no haber confiado más en sus posibilidades cuando el desafío estaba pidiéndole que lo hiciera y el no haber creído suficientemente en la belleza y en el alcance de su proyecto. Recordemos una vez más que eso a lo que denominamos fracaso, lo único que muestra en la mayoría de los casos es un nivel insuficiente de fe y de compromiso. Cuando se tiene una Fe grande y un Compromiso verdadero, si nos caemos mil veces, nos levantamos mil una. Eso es lo que hace no sólo que consigamos metas que parecían inalcanzables, sino que además nos transformemos durante el proceso. Hay unos versos preciosos de Konstantínos Kaváfis que se titulan «Viaje a Ítaca» que me parece que pueden ser un bonito colofón a este capítulo:

Cuando emprendas tu viaje hacia Ítaca
debes rogar que el viaje sea largo,
lleno de peripecias, lleno de experiencias.
No has de temer ni a los lestrigones ni a los cíclopes,
ni la cólera del airado Poseidón.
Nunca tales monstruos hallarás en tu ruta
si tu pensamiento es elevado, si una exquisita
emoción penetra en tu alma y en tu cuerpo.
Los lestrigones y los cíclopes
y el feroz Poseidón no podrán encontrarte
si tú no los llevas ya dentro, en tu alma,
si tu alma no los conjura ante ti.
Debes rogar que el viaje sea largo,
que sean muchos los días de verano;
que te vean arribar con gozo, alegremente,
a puertos que tú antes ignorabas.

Que puedas detenerte en los mercados de Fenicia,
y comprar unas bellas mercancías:
madreperlas, coral, ébano y ámbar,
y perfumes placenteros de mil clases.
Acude a muchas ciudades del Egipto
para aprender, y aprender de quienes saben.
Conserva siempre en tu alma la idea de Ítaca:
llegar allí, he aquí tu destino.
Mas no hagas con prisas tu camino;
mejor será que dure muchos años,
y que llegues, ya viejo, a la pequeña isla,
rico de cuanto habrás ganado en el camino.
No has de esperar que Ítaca te enriquezca:
Ítaca te ha concedido ya un hermoso viaje.
Sin ella, jamás habrías partido;
más no tiene otra cosa que ofrecerte.
Y si la encuentras pobre, Ítaca no te ha engañado.
Y siendo ya tan viejo, con tanta experiencia,
sin duda sabrás ya qué significan las Ítacas.

18.
Tierra sagrada

«Ama y haz lo que quieras. Si callas, callarás con amor; si gritas, gritarás con amor; si corriges, corregirás con amor; si perdonas, perdonarás con amor.»

SAN AGUSTÍN DE HIPONA

En este capítulo voy a contar una experiencia que tuve con una persona con la que compartí varias sesiones de *coaching*. Es una historia sencilla en la que muchos de nosotros podemos tal vez vernos reflejados. El objetivo que persigo es que descubramos nuevas dimensiones a la hora de analizar el origen de algunas de esas situaciones que nos roban salud, vitalidad y alegría. Además, creo que puede servirnos para ver aplicados algunos de los principios que hemos comentado con anterioridad.

Cristina es una persona que está pasando por una situación laboral compleja. Se siente víctima de las circunstancias y por lo tanto absolutamente incapaz de poder cambiarlas. Cristina achaca todos sus problemas a su jefa, que no la deja crecer ni evolucionar como profesional. Por otro lado, Cristina se siente muy capaz como persona y como profesional, y le encantaría tener un protagonismo mucho mayor en la empresa, aunque tiene miedo de los posibles celos que despertaría en su jefa si ella empezara a brillar un poco más.

No creo que estemos hablando de una situación muy extraña, más bien diría que problemas de este tipo se ven por doquier y llevan no sólo a una marcada ineficiencia en los equipos de trabajo, sino también a un profundo desasosiego. No existe solución posible mientras no se vaya más allá de las apariencias y se comprenda con más hondura la situación real, algo que nunca sucede si no nos abrimos a explorar la posibilidad de que todos seamos causa y efecto de lo que sucede.

—Cristina, ¿cómo es tu jefa?

—Mi jefa es un ser arrogante, una sabelotodo, que se considera plenamente autosuficiente y que, como no tiene una vida familiar, se refugia en su trabajo para sentir menos su soledad.

Indagando un poco sobre el tipo de comunicación que tiene con su jefa, Cristina me comenta que es una conversación muy superficial y de carácter puramente informativo. Ellas nunca comparten sentimientos, intereses o necesidades y por eso Cristina no se atreve a hablarla de forma directa, porque está convencida de que se dañarían aún más unas relaciones que ya se encuentran en «la cuerda floja».

Cuando miro a Cristina, me es fácil observar la tensión en su rostro y en su postura, algo que contrasta con el enorme potencial que se adivina en su interior y que tendría que ser para ella una fuente de tranquilidad y de sosiego.

–Dime una cosa, Cristina, ¿cuáles crees que son los recursos emocionales que necesitarías tener para hacer frente a esta situación?

–Mario, yo necesitaría por una parte tener audacia para atreverme más. Por otro lado, creo que me vendría bien más espontaneidad, porque a veces no paro de darle vueltas a las cosas antes de ponerlas en marcha. Además, necesito más confianza en mí misma y en mis posibilidades, si es que de verdad aspiro a que se produzca un cambio en la manera en la que mi jefa se relaciona conmigo.

Quiero que seamos conscientes, querido lector o lectora, de que la situación ha tomado un giro notable. Ya no aparece en el mapa de análisis del problema sólo un personaje: su jefa, sino que además aparece otro: Cristina, con sus sentimientos de impotencia para hacer frente a esta situación. ¿Y si esta sensación de impotencia pudiera tener tanto o más peso en la situación existente que las características aparentes de su jefa?

A partir de este momento, invito a Cristina a cerrar los ojos, a relajarse y a iniciar un viaje de exploración interior. Lo primero que hago es ayudarla a utilizar su imaginación de una manera más positiva y eficiente y, para ello, le pido que se imagine cómo habría cambiado su vida si hubiera habido más audacia, espontaneidad y seguridad en sí misma.

Si de verdad queremos ayudar a Cristina, necesitamos explorar con ella esta situación de impotencia porque, mientras no la resuelva, seguirá afectando negativamente a su vida y aparecerá una y otra vez, sea con una futura jefa o ante cualquier otro desafío. Nosotros no sabemos cuál es la solución a la situación en la que Cristina se encuentra, lo que sí sabemos es que la solución está dentro de ella y nosotros queremos ayudarla a que la encuentre. Por eso, no se trata de juzgar si Cristina tiene razón o no, lo único que queremos es ayudarla a explorar otras dimensiones del problema que tal vez ella no esté teniendo presentes. En el momento en el que nosotros juzgamos a otra persona, se rompe la conexión emocional, mucho más de lo que probablemente nos imaginemos. Decía Goethe que si juzgas a las personas no tienes tiempo de amarlas.

Hay algo en la manera en la que Cristina se representa el mundo y se representa así misma que no permite que emerja su audacia, su espontaneidad, ni su autoconfianza.

Todos nosotros, ya de pequeñitos, tenemos que cubrir nuestras necesidades esenciales, y cuando esto no sucede nos las arreglamos para cubrirlas a través de caminos insidiosos, por los que muchas veces, al transitar por ellos, se paga un gran precio. Además, todos nosotros queremos saber el porqué de lo que nos ocurre. Encontrar una relación entre las causas y los efectos ha sido para los seres humanos siempre una prioridad. Lamentablemente, muchas veces creemos que si los demás no nos valoran o nos apoyan o nos acogen, es porque sencillamente no somos suficiente. Ya hemos comentado que esta sensación de insuficiencia es la que nos impulsa a buscar la significancia y la pertenencia como sea o con quien sea. Quien no se sienta valorado en la familia, buscará sentirse valorado entre los amigos o incluso ante cualquiera que se ofrezca a valorarlo para luego sutilmente someterlo. Muchísimos seres humanos se pasan la vida intentando demostrar que sí son suficientes y sintiéndose profundamente heridos, cuando tienen experiencias que les hacen recordar y revivir su aparente insuficiencia.

Con frecuencia, y como ya hemos comentado, las dos necesidades primordiales que las personas tenemos cuando estamos completamente identificadas con la dimensión de la máquina son la seguridad y la significancia, porque son las esenciales para el ego, es decir, para el yo superficial, para la mente cuando está cerrada a la consciencia, al alma.

En el «trabajo detectivesco» necesario para entender la cosmovisión de un ser humano, esto es, su forma de representarse la realidad, es también importante encontrar su palanca emocional, aquello por lo que la persona lo haría todo y que muchas veces no es lo que ella te dice (hijos, familia, salud). En este sentido, hay un ejemplo muy interesante que se lo oí comentar a alguien de gran prestigio:

Catalina, una fisioterapeuta, vegetariana estricta, tenía unos elevadísimos niveles de distrés, que es la forma negativa y dañina del estrés. Como consecuencia de ello, había desarrollado una úlcera de duodeno que había empezado a sangrar.

Los médicos le habían prescrito una medicación y le habían dicho que si no reducía sus niveles de tensión emocional podía sufrir una hemorragia digestiva muy grave que requeriría una intervención quirúrgica de urgencia. La mujer no sabía qué hacer y entonces consultó a la persona a través de la cual yo conozco la historia.

—Antonio, no sé qué hacer, yo soy así, soy nerviosa y sencillamente no puedo evitarlo. Yo he nacido así y así me moriré.

—No sé si eres consciente de que si tienes otra hemorragia severa, te puedes morir, Catalina.

—Sí lo sé, Antonio, pero no puedo hacer nada para remediarlo.

Antonio, conocedor de la importancia de encontrar una palanca emocional potente si se quiere provocar un cambio y con la clara intención de ayudar a Catalina a explorar una salida a este problema, le dijo:

—Catalina, dime una cosa, ¿qué es lo que más te importa en tu vida?

—Mi marido y mi hija, ellos son lo que más me importa en la vida.

—Imagínate entonces, Catalina, que te has muerto por no cuidarte y que tu marido está llevando el féretro. A su lado va tu pequeña hija Irene, llorando desconsoladamente.

Catalina no logró evitar que la embargara una tristeza infinita y se puso a llorar desconsoladamente, mientras murmuraba entre sollozos:

–No puedo, Antonio, no puedo, es superior a mis fuerzas.

Antonio no sabía ya qué decir o hacer, hasta que de repente tuvo una sorprendente y revolucionaria idea.

–Catalina, yo sé que tú eres una vegetariana estricta y que has logrado que tu hija Irene lo sea, ¿verdad?

–Sí, Antonio, ese es para mí un tema crucial. Por eso le he dado tanta importancia a lo largo de mi vida.

–¿Sabes, Catalina?, tu marido es un hombre muy apuesto y no sería raro que pasado un tiempo de tu fallecimiento se casara con otra persona. Imagínate que esa mujer sea una verdadera carnívora y tu hija Irene por su influencia acabe también siéndolo.

A Catalina le cambió la cara y se puso roja de ira e indignación.

–¡De ninguna manera, eso no voy a permitirlo nunca!

Parece mentira, ¿verdad? Pero el caso es que Catalina, a raíz de aquello, empezó a cambiar, su tensión emocional se redujo y su úlcera se curó por completo. Las palancas emocionales reales no están donde muchas veces creemos que están, sino que se hallan con frecuencia en lugares bien distintos.

Cuando vivimos completamente englobados en la dimensión de máquina biológica, vivimos en un autoengaño permanente y creemos que lo que más nos importa es una cosa, cuando nuestra forma de vivir desmiente claramente nuestras palabras. Cuando actuamos como si fuéramos máquinas, lo único que de verdad nos importa es el control y la significancia. Incluso la contribución al bienestar de los demás no es una contribución real, sino tan sólo el mejor camino que hemos encontrado para sentirnos valiosos y reconocidos.

Si volvemos a recordar ahora nuestra sesión de *coaching* con Cristina, nos daremos cuenta de que es importante que Cristina, a través de nuestras preguntas y de sus propias reflexiones, vaya siendo consciente del precio que ha pagado, está pagando y va a pagar por esta manera de ver las cosas y de relacionarse consigo misma y los demás. Por ejemplo, Cristina tiene la creencia de que todo hay que analizarlo hasta sus últimas consecuencias, y eso en el fondo lo que le quita es audacia porque lleva a la parálisis por análisis. Además, le quita espontaneidad y seguridad en sí misma, ya que muchas veces la seguridad en uno mismo no parte de escuchar a la cabeza, sino de escuchar al corazón, a la esencia de eso que somos. No sabemos dónde obtuvo Cristina esta creencia. Tal vez ella misma la fabricó. El caso es que, en algún momento de su pasado, esta creencia la ayudó a sentirse más segura y más valorada. Sin embargo, las creencias, como certezas inconscientes que son, carecen de flexibilidad, y ahora que podría revisar algunas de ellas para ver si siguen teniendo sentido o no, no lo hace, como no lo hacen la mayor parte de las personas al no embarcarse en un proceso de autoconocimiento a través de la reflexión.

No es suficiente este trabajo para esclarecer las creencias limitantes que imperan en la vida de Cristina. Es necesario también ayudarla a que encuentre los recursos emocionales que ella necesita, para hacer frente con éxito a su desafío presente. Para lograrlo, basta revisar experiencias de su pasado en las que sin duda alguna sí se manifestaron la audacia, la espontaneidad y la confianza. Los seres humanos nos pasamos la vida volviendo una y otra vez a la dimensión oscura de nuestro pasado y muy pocas veces visitamos el lado luminoso, ese que nos habla de nuestra grandeza y de nuestro enorme potencial. Sencillamente, a la dimensión de máquina no le interesa que lo recordemos, no sea que podamos empezar a despertar. Si Cristina viera a su jefa desde otra dimensión, buscaría maneras de ayudarla en lugar de criticarla y su jefa lo notaría hasta en su manera de mirarla. No es que esto nos ofrezca ninguna garantía de que la otra persona va a cambiar. Sin embargo, sí hace mucho más factible que la otra persona al menos se lo plantee. Hay que tener en cuenta que lo que más perjudica nuestra interacción con otras personas es nuestra forma de mirarlas y nuestra forma de verlas.

> «Esforzarse en buscar la belleza que hay en la otra persona hace que sin ser conscientes de ello empecemos a interactuar de una manera radicalmente diferente con ella.»

Nuestra forma de mirar está muy influida por las etiquetas que colocamos desde nuestra representación interna, desde nuestra cosmovisión, y eso afecta mucho a la relación. A veces, miramos a los demás no como personas que tienen un problema, sino como problemas en sí mismas. Esforzarse en buscar la belleza que hay en la otra persona hace que sin ser conscientes de ello empecemos a interactuar de una manera radicalmente diferente con ella. Por otra parte, al no buscar cambiarla, sino simplemente ayudarla a despertar, estamos favoreciendo el encuentro con su verdadera esencia. No estamos hablando de no ser firmes con las conductas incorrectas, sino de no ser duros e irrespetuosos con las personas. Todo ser humano en su esencia es tierra sagrada.

Hace muchos años, tuve un importante desencuentro con un anestesista. Aquello empezó con una pequeña discusión y acabó con un conflicto interpersonal. Tres días a la semana, coincidíamos en el antequirófano, donde nos poníamos el pijama que los médicos usamos durante las intervenciones. La situación era muy incómoda porque actuábamos como si no nos viéramos. Cuando no estaba con él, pensaba en la cantidad de defectos que tenía y la verdad es que cada vez, para mi sorpresa y disfrute, encontraba muchos más. Un día en mi casa, me planteé que a lo mejor yo era parte del problema y que tal vez con mi simple forma de mirarlo estaba empeorando la situación. Entonces tomé la decisión de que, cada vez que volviera a verlo, sencillamente intentaría buscar algo favorable en él. Al principio me costó mucho porque no paraba de toparme con sus defectos. Sin embargo, al cabo de dos semanas, empecé a reparar en algunas de sus cualidades. No deja de sorprenderme que a partir de ese momento empezamos a establecer cierto intercambio de palabras, que fue poco a poco aumentando. Al final acabamos siendo buenos amigos.

No quiero decir con esto que no haya personas con las que es muy difícil congeniar, lo que sí quiero es lanzar desde aquí una invitación para que nos planteemos hasta qué punto nosotros podemos no sólo no estar haciendo nada para resolver el problema, sino contribuyendo bastante a empeorarlo. Esta es una clara manifestación del hombre cuando vive sólo en su dimensión de máquina biológica que obedece a una programación. Desde esta dimensión, sólo interesa demostrar que yo tengo razón y que la otra persona está equivocada. Incluso podemos invertir en ello, poniendo aún más trabas a la resolución del conflicto para reforzar aún más nuestra posición de razón y tener más argumentos para defenderla.

19.
Una sociedad ejemplar

«Engrandecerás a tu pueblo no elevando los tejados
de sus viviendas, sino las almas de sus habitantes.»

EPÍCTETO

Las grandes empresas que uno emprende en la vida siempre exigen un alto grado de compromiso si se quiere tener alguna posibilidad de culminarlas con éxito. Para que un compromiso pueda ser verdaderamente efectivo, también hay que estar dispuesto a pagar un precio, el precio que va asociado al propio compromiso. Cualquier cambio cultural que se persiga exige que conozcamos las variables que se producen en el entorno y que comprendamos a fondo nuestro modelo de actuación. Es a partir de este punto cuando se pueden crear nuevas estrategias que, apoyándose en las virtudes del pasado, se enfoquen en las posibilidades del futuro.

En el mundo, muchas empresas, muchas sociedades y muchos países hablan de cambio y de liderazgo, y sin embargo los resultados positivos que producen son únicamente económicos. Me recuerda mucho a lo que pasa en el mundo de la medicina de Occidente, en el que suele pensarse que la salud implica sencillamente la ausencia de enfermedad. La salud es no sólo la ausencia de enfermedad, sino también el bienestar psicológico, social y emocional de la persona.

Los procesos de cambio cultural sin duda han de buscar resultados económicos «sanos», pero además han de comprometerse firmemente en crear un clima donde las personas se sientan ilusionadas y sepan que lo que hacen tiene para ellas un verdadero propósito y un claro sentido. Todos sabemos que, cuando alguien experimenta ilusión por lo que hace, su productividad aumenta, como también aumentan su longevidad y su vitalidad. Si esto es tan obvio y deseable, ¿por qué resulta tan difícil lograrlo?

**«Necesitamos descubrir la manera
en la que somos percibidos para poder
valorar la confianza que generamos,
descubrir la iniciativa que potenciamos,
comprender el apoyo que brindamos
y averiguar los recursos que no usamos.»**

Las personas operamos a dos niveles: por un lado se encuentra lo que decimos y por el otro lo que hacemos, aquello que se refleja en nuestra conducta. Puede haber una gran disparidad entre lo que decimos que queremos y lo que realmente hacemos para lograr eso que queremos. Si yo, por ejemplo, le digo a uno de mis hijos que quiero que se acostumbre a tomar decisiones, pero por otro lado no estoy dándole muchas oportunidades para que lo haga, entonces estoy demostrando una gran incoherencia que puede llevar a que se genere una falta de confianza entre los dos. Es muy necesario señalar que en la mayor parte de los casos yo puedo no ser consciente de esa incoherencia que se refleja en mi conducta. Las personas, con frecuencia, no nos damos cuenta de lo que emitimos, tan sólo de lo que recibimos.

Es importante, si nos comprometemos de verdad a generar una cultura extraordinaria y una sociedad ejemplar, que estemos dispuestos a pagar un precio: la humildad y la generosidad de reconocer y aceptar que nadie, por claro que lo tenga, se encuentra en posesión de la verdad completa y absoluta.

Muchos pensamos que en cierta medida conocemos la manera en la que nos ven nuestros compañeros, nuestros familiares y nuestros amigos. De hecho, luchamos afanosamente para que nos vean como queremos ser vistos. Este «espejismo mental» hace que la comunicación se base no en la transparencia sino en la superficialidad, y en esta comunicación tan cosmética todos perdemos.

Necesitamos descubrir la manera en la que somos percibidos para poder valorar la confianza que generamos, descubrir la iniciativa que potenciamos, comprender el apoyo que brindamos y averiguar los recursos que no usamos. Es entonces cuando tendremos una visión clara de nuestra capacidad de influir en otros para generar responsabilidad, ilusión, compromiso, aprendizaje e innovación.

Lo que aquí propongo no es sencillo, ya que si lo fuera todos lo harían y, sin embargo, contiene la esencia para hacer frente al mayor de los desafíos: aprender a ver no lo que es razonable, sino lo que en realidad es posible. Decía Goethe: «Trata a un ser humano como parece que es y seguirá siendo como siempre ha sido, trata a un ser humano como puede llegar a ser y se convertirá en quien realmente es».

Me gustaría resumir aquellos puntos en los que creo que es esencial centrar nuestra mente si queremos extraer lo mejor que hay en cada uno de nosotros.

1. Apoye, confíe, sea paciente y ayude a sus colaboradores, familiares y amigos para que se superen por encima de sus aparentes limitaciones. Si quiere motivarlos e ilusionarlos este es un gran camino para lograrlo.

2. Ante las dificultades y los tropiezos, transmita con sus palabras, con sus gestos y con sus actuaciones que siempre hay una solución si existe el compromiso de buscarla. Recordemos que toda dificultad es una oportunidad «en ropas de faena» y para descubrir esta oportunidad disfrazada, todos tenemos que aprender a ser, en lugar de implacables jueces, grandes exploradores.

3. Sea generoso y comparta la información de manera natural y no únicamente cuando sea estrictamente necesario. Muchas veces no nos damos cuenta de en qué medida nuestra disposición en este punto favorece o dificulta la tarea de otros departamentos y de otras personas. Cuando uno sólo cuida de su «árbol» y no del «bosque», a la larga siempre pierde. Cuando facilitamos el trabajo de los demás, todo se hace más fácil y llevadero.

4. Tenga la apertura mental suficiente para que cualquier comentario que se le haga, aunque no sea agradable, sí sea bien recibido. Las opiniones de las otras personas reflejan un punto de vista, no toda la realidad. Aprender a escuchar ese punto de vista quitándole toda connotación personal es esencial si queremos tener acceso a nuevas perspectivas que abran posibilidades de corrección, automejora y crecimiento personal.

5. Conozca a las personas, pase tiempo con ellas. Averigüe lo que necesitan, lo que las ilusiona, lo que las angustia y, sobre todo, descubra la manera en la que perciben el mundo.

6. Sea íntegro, cumpliendo lo que dice. La autoridad de una persona se basa en su competencia y en su credibilidad, y la credibilidad nos la ganamos cuando hacemos lo que decimos.

7. Favorezca que aquellas ideas y valores que quiere propiciar sean comprendidas por todo el mundo, ya que cada uno de nosotros observa la realidad a través de prismas diferentes.

8. Descubra que el Universo es abundante y que la abundancia no es sino la consecuencia de haber aprendido la ciencia y el arte de sumar. Por eso, busque puntos de encuentro en lugar de puntos de diferencia. Busque la virtud y no el defecto. Comparta en lugar de dedicarse sólo a poseer. Acoja en lugar de rechazar.

No importa si los pasos que damos día a día son pequeños, lo que importa es que los demos con grandeza de espíritu.

Así como en las distintas civilizaciones a lo largo de la historia, sus miembros han actuado siguiendo distintos papeles, también hay papeles que nos ayudan a aflorar lo mejor que hay dentro de nosotros y papeles que, como ya hemos visto, hacen justo lo contrario, limitándonos y encogiéndonos. Dicho de otra manera, los papeles que las personas representamos en la vida pueden ser muy limitantes o pueden ser fuente de posibilidades. Entre los papeles limitantes podemos recordar los que desempeñaron unos estudiantes de segundo año de Psicología de la Universidad de Stanford cuando el psicólogo social Peter Zimbardo les propuso un experimento. Todos estos estudiantes voluntarios se trasladaron a una prisión abandonada cerca de San Francisco, y un grupo de ellos se vistió de carceleros y el otro de prisioneros, conviviendo durante días en aquella prisión abandonada. Zimbardo tuvo que suspender el experimento cuando habían pasado unos pocos días porque los carceleros actuaban con gran crueldad con los presos. Por otro lado, los presos mostraban una sorprendente sumisión. Zimbardo sostiene que los papeles que representamos en la vida tienen un impacto a nivel inconsciente y pueden sacar lo mejor o lo peor de la persona. Esto obviamente no se puede generalizar, lo que ocurre es que tampoco podemos negar que los papeles en los que nos metemos nos influyen y mucho. De hecho, ya hemos visto que cuando nuestra vida está llena de limitaciones es porque el papel que estamos desempeñando, el guión que seguimos, lejos de sacar de lo mejor nosotros, está haciendo justo lo contrario. Hace tiempo, reflexioné sobre una serie de papeles que pudieran favorecer que los integrantes de una familia, de una empresa, de una comunidad o de una sociedad, aprovechasen mucho más las posibilidades que ofrece precisamente eso, el verdadero trabajo en equipo, aquel cuyo resultado es la excelencia.

«No importa si los pasos que damos día a día son pequeños, lo que importa es que los demos con grandeza de espíritu.»

Cuando los integrantes del equipo toman cualquiera de estos papeles, se crea la armonía y la cooperación que son necesarios para trabajar de forma agradable y eficiente. He definido varios papeles que me ha parecido que pueden tener un enorme impacto para crear un rumbo saludable y una verdadera abundancia. Cada papel tiene su nombre y su descripción. Cuando uno representa cualquiera de estos papeles, tiene que creérselo y hacerlo creíble, porque de lo contrario no tiene ningún impacto. De alguna manera, es como si escribiéramos un guión que expresara el modo en que queremos relacionarnos con el mundo. Recordemos que ningún papel puede ser la expresión de todo eso que somos, simplemente nos orientan en una dirección. Cuando esos papeles nos orientan a pensar, sentir y actuar dentro de ciertas coordenadas, pueden ayudarnos en gran manera a crecer y evolucionar como personas.

Los ángeles

Son aquellas personas responsables de infundir ánimo e ilusión en el equipo. Son las que están comprometidas en buscar modos y maneras de mantener el sueño vivo. Han de ser inasequibles al desaliento, positivas y alegres. Los ángeles son los que tiran del equipo hacia arriba para que sus miradas estén siempre puestas en ese horizonte inspirador que es su meta. No se avergüenzan de mostrar su entusiasmo, sino que, muy al contrario, están continuamente irradiando su energía positiva.

Los músicos

Son aquellas personas responsables de mantener la armonía en el equipo. Evitan que haya juicios y ayudan a resolver los conflictos. Los músicos ayudan a los miembros del equipo a darse cuenta de cuándo sus egos tal vez están impidiéndoles ver y escuchar a otros de verdad. Su forma de comunicarse abre siempre nuevos espacios para que la gente pueda expresarse sin miedo y en libertad.

Los estrategas

Son aquellas personas del equipo responsables de diferenciar lo importante de lo que no lo es. Establecen aquello que es una prioridad estudiar en cada reunión. Los estrategas dirigen la atención a fin de que la inteligencia actúe de manera precisa. Su mente está libre de prejuicios o del miedo a qué dirán los demás. Tienen el valor de hacer resaltar aquello que, aunque incómodo, es esencial para el crecimiento del equipo. Son decididos, pacientes y persistentes. Tienen que diseñar el plan de acción semanal y designar tareas para todos, incluso para ellos mismos.

Los místicos

Son aquellas personas del equipo que desafían la forma tradicional de pensar. Buscan alcanzar una perspectiva más amplia para comprender mejor la realidad. Ayudan al equipo a darse cuenta de cuándo se está atrapado en una forma rígida de analizar y valorar las cosas. Son también los que han de ayudar a superar el vértigo que implica el salirse de las formas habituales de observar la realidad. Los místicos lanzan preguntas sorprendentes para cuestionarse ciertas cosas que tal vez se están dando por hecho. Los místicos ayudan a descubrir lo que está oculto, lo que no es obvio, lo que está detrás de lo aparente.

Los científicos

Son aquellas personas del equipo que con sus acciones experimentan para inventar nuevas soluciones a partir de las posibilidades imaginadas. Los científicos se enfrentan con decisión a lo desconocido. Crean nuevas estrategias a base de revisar el resultado de las acciones que han emprendido. Analizan qué es lo que ha funcionado, qué no y el porqué.

Los navegantes

Son aquellas personas del equipo responsables de hacer del equipo una organización inteligente. Los navegantes recopilan cualquier información que sea relevante y favorecen con su forma de presentarla que el equipo aprenda de manera ininterrumpida. Son también los responsables de dar *feed-back* para que todo el equipo sea más consciente de la dirección en la que se está moviendo.

La importancia de estos papeles es que, al ser todos necesarios e igualmente valiosos, favorecen que todas las personas tomen responsabilidad sobre un elemento clave de la marcha del equipo. Además, al enfocar la atención en una dirección determinada, continuamente se está buscando formas de mejorar la marcha del equipo. Todo aquel que busca con verdadera ilusión antes o después encuentra. Además, estos papeles están enfocados a mejorar y construir, no a destruir. Por eso, mueven una energía radicalmente diferente en el equipo. Hay personas que se sienten en mayor sintonía con unos papeles que con otros. Todos podemos, sin duda, representar cualquiera de los papeles descritos, porque la clave está en la manera en la que cada papel hace funcionar nuestro entendimiento. Cada papel lleva consigo la descripción de una manera de observar, de una manera de estar y de una manera de ser. Cada papel de algún modo nos invita a ser responsables y proactivos. Esto marca una gran diferencia en un mundo en el que tantas personas quieren que las cosas las resuelvan siempre otros. Yo lo invito a usted a elegir o a crear el papel que quiere desempeñar para añadir valor en cualquier lugar en el que esté. El papel que es más necesario representar suele aparecer cuando nos hacemos una pregunta: ¿qué es lo que está faltando aquí? Si jugamos con esta pregunta, nos daremos cuenta de que muchas veces lo que está faltando es afecto, confianza, respeto, entusiasmo o cualquier otra cosa. Entonces sabremos que podemos convertirnos en fuente de esos valores actuando con entusiasmo, mostrando respeto, hablando con afecto o simplemente confiando.

20.
El espíritu de lucha

«No se puede poseer mayor gobierno que el de uno
mismo.»

LEONARDO DA VINCI

Son las nuevas experiencias las que pueden llevarnos a realizar nuevos descubrimientos y a alcanzar nuevos aprendizajes. Los cambios que están teniendo lugar en nuestro entorno nos invitan a que también se produzcan transformaciones dentro de nosotros. Muchas veces, ese camino de la transformación es el que tendremos que tomar si queremos alcanzar grandes metas. En el camino de la transformación personal no se trata sólo de ir más allá de lo que conocemos, sino sobre todo de ir más allá de lo que creemos que somos. Cuando descubrimos que podemos tener un impacto en el mundo mucho mayor del que creíamos poder llegar a tener, también sentimos la llamada a transcender los aspectos limitantes de nuestro guión y a descubrir al actor que está más allá del personaje.

Cada uno de nosotros somos responsables de lo que somos, de lo que pensamos, de lo que decimos y de lo que hacemos. Eso no significa que no tengan un gran impacto las circunstancias en las que nos encontremos, sino tan sólo que somos nosotros los que hemos de empezar a decidir cómo queremos relacionarnos con ellas. La verdadera victoria, el auténtico triunfo, tiene lugar cuando nos superamos a nosotros mismos, cuando superamos nuestra reactividad, nuestro negativismo, nuestra sensación de impotencia, nuestra inercia, nuestra cortedad de miras y nuestra autosuficiencia. Toda esa lucha por ser más auténticos y no engañarnos sobre los verdaderos motivos por los que hacemos las cosas, va puliendo el tosco diamante hasta convertirlo en el precioso y tallado brillante.

> «Ni somos débiles ni somos esclavos, sino
> que somos seres libres. Curtirnos en las
> batallas, en los desánimos y las desilusiones,
> en el dolor físico y en el psíquico, es lo
> que poco a poco nos va transformando.»

Todos nosotros hemos de tomar responsabilidad sobre nuestro estado de ánimo, porque quien no tiene ningún control sobre su estado de ánimo tampoco tiene ningún gobierno sobre su vida. Sólo si mantenemos el estado de ánimo adecuado podremos superar todas las dificultades que vamos a encontrar en nuestro camino. Por eso, cuando alguien quiere anular a otra persona, tiene que hundir su moral, su estado de ánimo. Sólo con un estado de ánimo adecuado podemos transcender nuestras aparentes limitaciones. El estado de ánimo parte de una decisión, de una firme resolución de que no vamos a dejarnos controlar por nuestra dimensión de máquina biológica sofisticada y programada, como si sólo fuéramos eso. Aquí lo importante es pararse y hacerse la pregunta: ¿tengo el estado de ánimo adecuado para acometer esta tarea? Si la respuesta es no, he de hacer algo inmediatamente para cambiar dicho estado de ánimo. La historia está llena de ejemplos de cómo aquellos líderes militares que hicieron que sus tropas cambiaran su estado de ánimo consiguieron victorias que nadie esperaba. El estado de ánimo es lo más importante para tener éxito en la vida porque no sólo cambia como uno está; es que además cambia lo que uno es. Hay ciertos estados de ánimo en los que la dimensión de máquina no es la que domina y hay otros en los que sí. Cuando la dimensión de máquina es la que domina, toman las riendas de nuestra vida nuestras creencias limitantes, nuestra forma automática de valorar las cosas, nuestros viejos patrones de comportamiento. Cuando la dimensión de máquina es la única que aflora, nos convertimos en seres que luchan exclusivamente por sobrevivir. Nos tornamos irascibles y desconfiados, hipersensibles, agresivos e incluso violentos. Sólo nos importa nuestra supervivencia, sobre todo porque nos sentimos continuamente amenazados. Tratamos con dureza a los demás y pronunciamos esos discursos que luego tanto lamentamos. El verdadero trabajo que hay que hacer en esos momentos es el de transformar inmediatamente ese estado mental que hace que nos convirtamos única y exclusivamente en máquinas reactivas. Cambiar el estado mental es como cambiar la temperatura del cuerpo. A partir de cierta temperatura, las reacciones químicas de la célula se paran. También con ciertos estados mentales la dimensión máquina no puede ser la única presente en nuestra vida. Por eso, cuando nos sentimos cautivos hemos de romper el patrón mental, salir de esa dimensión reactiva. En lugar de preguntarnos por qué nos sentimos como nos sentimos, lo que hay que hacer es tomar inmediatamente control sobre nuestro estado mental, porque esto afectará a nuestro ánimo y a cómo nos sentimos. Tenemos que ser cada vez más fuertes mental y emocionalmente, y para lograrlo, lo esencial es entrenarnos para generar en nosotros los estados de ánimo que nos ayudan y no dejarnos arrastrar por los que nos anulan. Hemos de despertar al guerrero pacífico que está dentro de cada uno de nosotros. Necesitamos oponentes poderosos para convertirnos en grandes guerreros, y los oponentes más poderosos están dentro de nosotros mismos. Por eso hemos de luchar por lo que es auténtico y por lo que es noble. Estamos siendo probados por la vida, porque la vida quiere que descubramos que somos mucho más que una máquina reactiva y por lo tanto privada de libertad. Ni somos débiles ni somos esclavos, sino que somos seres libres. Curtirnos en las batallas, en los desánimos y las desilusiones, en el dolor físico y en el psíquico, es lo que poco a poco nos va transformando. Esta es la marca de lo que significa tener un verdadero espíritu de lucha. Un verdadero capitán nunca se forja en un mar en calma, sino en uno bravío.

La conclusión a la que me gustaría que llegáramos es que hay mucho más dentro de nosotros de lo que se nos pasa por la cabeza. Cuando nos miramos vemos lo que creemos que somos y no lo que podríamos llegar a ser. Vemos la bellota pero no vemos la encina dentro de la bellota. Todos tenemos miedos y todos tenemos dudas, y nuestro trabajo es superarlos día a día, momento a momento. Es una aventura por ensanchar nuestras fronteras, traspasando nuestros aparentes límites. No permitamos que nos asuste la envergadura de la tarea. Demos un paso cada vez sin mirar atrás para no tener que sentir el peso de nuestro pasado. Tampoco nos preocupemos por lo que va a llegarnos, porque cuando lleguemos a la curva del camino en la cima de la colina, nos daremos cuenta de que nos hemos hecho mucho más fuertes de lo que nunca imaginamos que podríamos llegar a ser.

21.
La sal de la vida

«Preciso es encontrar lo infinitamente grande en lo infinitamente pequeño, para sentir la presencia de Dios.»

PITÁGORAS

Cuando uno observa un águila, no puede menos que quedar impactado por algunas de sus cualidades. A mí me llama sobre todo la atención su vista. Este soberbio animal es capaz de ver ochenta veces mejor que una gallina y puede ver una presa pequeña a dos kilómetros de distancia. Su visión está llena de claridad, de profundidad y de alcance. Es además una visión con perspectiva. El ser humano no tiene una vista como la del águila y, sin embargo, el alcance de su mirada es infinitamente mayor. El águila ve una presa porque la presa existe, pero el ser humano puede transformar esta cualidad en algo absolutamente singular, ya que puede ver a través de su imaginación lo que no existe y, una vez que lo ha visto con claridad, darle existencia por medio de su creatividad. Los seres humanos no sólo podemos ver lo que existe, sino que además podemos imaginar con nuestra mirada interior lo que podría llegar a existir.

**«Creo que el 80 % del éxito es tener
un buen motivo y el 20 % averiguar
la manera de ponerse en marcha.»**

Todas estas capacidades del ser humano son producto fundamentalmente de su imaginación, de sus sentidos internos. A través de la imaginación uno se mueve no solamente en el espacio, sino también en el tiempo. A través de la imaginación se da vida a cosas que antes no existían. De la misma manera que una presa motiva a un águila para que alce el vuelo y vaya hacia ella, así la imaginación puede motivarnos, movernos a poner en marcha nuestros talentos para alcanzar nuestros sueños. Pero si no tenemos ningún sueño que alcanzar no parece que tenga mucho sentido ponerse en marcha hacia algo que no existe. Considero que la principal causa de ello es que las personas, antes de averiguar lo que de verdad queremos hacer y la razón de ello, nos preguntamos la manera en la que vamos a conseguirlo, y si no lo tenemos claro no nos ponemos en marcha. Creo que el 80 % del éxito es tener un buen motivo y el 20 % averiguar la manera de ponerse en marcha. Cuando el corazón quiere sentir algo, experimentarlo de verdad, la mente empieza a allanarle el camino. Creo que es importante entender también el impacto que tiene la visión interior en las personas. En mi vida, crear algo en mi mente que inspirara a mi corazón ha sido básico para llegar a lugares que no me parecía posible alcanzar, teniendo en cuenta mis talentos aparentes. Tal vez lo que podamos hacer sea no bajar nuestras metas a la altura de nuestras capacidades aparentes, sino, al contrario, dejar que sean nuestras capacidades las que se estiren para llegar a la altura de nuestras metas.

Otro animal que me parece fascinante es el león. El rey de la selva duerme dos terceras partes del día sabiendo que nadie se atreverá a molestarlo. De alguna manera tiene el conocimiento y la certeza de su poder y de su fuerza. El peor enemigo del león es el cazador y, sin embargo, el hombre únicamente se siente fuerte cuando va armado. El león avanza con prudencia pero sin miedo. El hombre se encuentra lleno de miedos, sus miedos son sus dudas, su desconfianza, sus preocupaciones, sus inseguridades, y es ese miedo el que le impide avanzar con verdadera fuerza y confianza en su vida. Séneca nos decía que no nos da miedo hacer las cosas porque sean difíciles, sino que las cosas son difíciles porque nos da miedo hacerlas. Nuestros miedos se basan en algunas creencias profundas que nos hablan del mundo y de nosotros mismos. Estas creencias con frecuencia nos presentan un mundo agresivo, cambiante e incomprensible y a unas personas, nosotros, incompletas, insuficientes y desvalidas. Si nos diéramos cuenta de que no vivimos al nivel de nuestros talentos sino de nuestras creencias, y de que tenemos la capacidad real de generar muchas de las circunstancias que luego disfrutamos o padecemos, entonces viviríamos como el león: más confiados en nuestros recursos, en nuestro poder personal y en el apoyo del universo. Vivir confiado es también vivir ilusionado y vivir motivado.

Es en la analogía del águila y del león donde vemos dos ejes esenciales de la motivación humana, que no es otra cosa que «la sal de la vida»: el atreverse a soñar y el elegir confiar.

«Si nos diéramos cuenta de que no vivimos al nivel de nuestros talentos sino de nuestras creencias (…) entonces viviríamos como el león: más confiados en nuestros recursos, en nuestro poder personal y en el apoyo del universo.»

Nos falta un elemento para cerrar la ecuación de la motivación y ese elemento lo aprendemos del zorro. Es su astucia. En la vida necesitamos ser inteligentes y además ser listos. Tener una estrategia de actuación es esencial para conseguir éxitos que sigan motivándonos para desarrollarnos y progresar. La estrategia es la serie de procedimientos mediante los cuales podemos alcanzar aquello que deseamos. Una estrategia sin una buena motivación es como un coche con una buena transmisión pero que no tiene un motor y un combustible que lo muevan. Por eso, el 20 % es estrategia y el 80 % sentido y propósito. A través de la estrategia se evalúan los recursos, los pasos que se van a dar, y se plantean acciones masivas. Si un tigre adulto falla nueve de cada diez intentos por cazar un ciervo, no tiene mucho sentido que nosotros pensemos que con intentar las cosas una vez ya es bastante. La estrategia nos permite, además, seguir los procesos, evaluar los resultados y mejorar los procedimientos. La estrategia, al igual que la transmisión de un coche, hace que la fuerza del motor que son nuestras ilusiones, nuestro entusiasmo y nuestra confianza, haga avanzar nuestro coche hacia donde los «conductores», que somos nosotros, hemos puesto la mirada. La estrategia no busca la perfección inmediata, ya que esta búsqueda compulsiva de la perfección es implacable con los errores. Si te equivocas te sientes culpable, y por eso, para evitar equivocarse, al final se acaba sin tomar decisiones. Estamos aquí para aprender y por eso todos vamos a equivocarnos de vez en cuando, pero tenemos también la capacidad de corregir y aprender. Lo que la estrategia busca es el entrenamiento permanente para la mejora consistente.

La palabra «emoción» quiere decir aquello que nos mueve. A nosotros nos mueve, nos motiva aquello que vemos que es ilusionante y que además sabemos que con nuestro compromiso podemos alcanzarlo. Es esta motivación la que hace que busquemos en nuestras apretadas agendas un hueco para dedicarlo a trabajar en esos proyectos y planes estratégicos que de manera progresiva van a acercarnos al objetivo marcado. Es entonces cuando trabajan como un equipo nuestro cuerpo, nuestra razón, nuestras emociones y nuestro espíritu. Es este alineamiento el que nos permiten dar vida a cosas que previamente no existían. Hoy, el mundo de la medicina nos ha demostrado la manera en la que los estados de ánimo afectan al cuerpo y hemos podido comprobar que cuando nos sentimos ilusionados y confiados la química de nuestro cuerpo es distinta de cuando estamos abatidos y frustrados. Además, se ha visto que esta situación hormonal puede ser alterada por nosotros mismos cuando usamos nuestra imaginación para buscar cosas que nos ilusionen y usamos nuestro cuerpo para movernos con la energía, la fuerza y la determinación de aquellos que realmente confían en sus posibilidades. Ya lo decía William James, el catedrático de Psicología de la Universidad de Harvard que murió hace un siglo: «El pájaro no canta porque es feliz, es feliz porque canta».

22.
Ideas que crean mundos

«¿Qué puedo saber?
¿Qué debo hacer?
¿Qué me cabe esperar?»
IMMANUEL KANT

El ser humano tiene un deseo innato de conocer. De conocer qué es el mundo y de conocer cuál es su lugar en él. También quiere descubrir de dónde viene y adónde va y averiguar cuál es el sentido último de su vida. Sumergido en esta necesidad de conocer, se hace preguntas sobre sí mismo y sobre qué es lo que de verdad puede llegar a conocer de su propia naturaleza y de la naturaleza del mundo. A través de sus sentidos capta cosas, objetos, hechos, y se ve a sí mismo en relación con ellos. Algunas cosas y algunos hechos le generan una experiencia placentera, mientras que otros le proporcionan una experiencia dolorosa. El hombre entra en contacto con el nacimiento, el envejecimiento y la muerte. Como consecuencia de todas estas experiencias, emprende dos clases de búsquedas. Una de tipo empírico, es decir, mediante la observación de la realidad a través de los sentidos y que con el paso del tiempo dará lugar al saber científico. Este saber científico tiene un objetivo doble: por una parte, explicar los fenómenos que ocurren y encontrar la relación entre las causas y los efectos; por la otra, saber cómo utilizar estos descubrimientos para mejorar la calidad de su vida.

El otro tipo de búsqueda es muy diferente, pues implica no tanto la observación como la reflexión, utilizando ya no los sentidos sino una facultad exclusivamente humana que es la razón. Nace así la búsqueda no científica, sino filosófica. Se trata de descubrir hasta dónde, utilizando esa capacidad, podemos llegar a descubrir la realidad más profunda de todo lo existente. Surge la metafísica que quiere trascender lo que nos muestran los sentidos y acceder a un mundo no aparente, a un mundo trascendente donde se encuentra la respuesta a esas preguntas que no se pueden obtener con la mera observación de los sentidos. El hombre no sólo quiere vivir de una manera más confortable, sino que necesita encontrar una explicación al sentido de su existencia. En medio de esta búsqueda aparece un nuevo elemento que es la revelación. Algunos seres humanos tienen experiencias muy especiales en las cuales, de una manera intuitiva, llegan a la comprensión de aquello que es esencial y real, y que los sentidos no son capaces de captar. Surgen en este contexto las religiones. A partir de este momento, comienzan una serie de debates y de conflictos entre estos tres abordajes diferentes. Por una parte están los que sostienen que el único conocimiento y comprensión reales surgen de la observación, primero mediante el uso de los sentidos y después mediante la aplicación de un método que permita obtener a partir de esas observaciones una serie de leyes universales. Es un abordaje que por una parte niega que exista nada más allá de lo que se puede registrar en la experiencia sensible y que, por otra, muestra su indiferencia a una búsqueda de lo trascendente, ya que considera que ni ese elemento metafísico existe, y de existir no sería relevante para aumentar nuestro bienestar y nuestra comodidad.

«(...) el ser humano se ha embarcado en una doble búsqueda, una que se pretende que lo lleve a experimentar más comodidad y otra que lo conduzca a experimentar una mayor felicidad.»

Por otra parte, existen otros seres humanos que confían plenamente en el poder de la razón para ir mucho más allá del conocimiento sensible que nos proporcionan los sentidos. Esta razón es capaz de hacernos entrar en contacto con la esencia y la realidad última de las cosas. Tal vez, el conocimiento que surja de ese contacto no haga nuestras vidas más cómodas, pero lo que sí puede lograr es que tengan más sentido y que nos ayuden a vivir la vida con un mayor equilibrio y una mayor serenidad. Finalmente, están aquellos seres humanos que consideran que esas verdades fundamentales no son accesibles desde la razón, sino sólo desde la revelación. Como mucho, la razón puede llevar a los límites de ese mundo.

Como vemos, el ser humano se ha embarcado en una doble búsqueda, una que se pretende que lo lleve a experimentar más comodidad y otra que lo conduzca a experimentar una mayor felicidad.

Como el hombre necesita interpretar, comprender lo que le ocurre y tener la sensación de que de alguna manera tiene capacidad de controlarlo o al menos de entenderlo, surgen ya desde la antigüedad una serie de explicaciones de tipo mitológico alrededor de las cuales se construye una cultura, definida esta por unas creencias, unos supuestos, unas instituciones y unas prácticas. Cada ser humano que nace en esa cultura piensa y actúa influido por lo que esa cultura determinada considera cierto. Pero con esa sed insaciable de conocer y de comprender, una serie de personas se embarcan en observaciones más profundas de la realidad, sobre todo cuando ciertos hechos desafían las creencias establecidas. Estas personas, a base de observar y observar y de reflexionar sobre lo observado, empiezan a darse cuenta de ciertas cosas sorprendentes. Para poder observarlas mejor, diseñan una serie de instrumentos que de alguna manera amplíen la capacidad de sus sentidos para descubrir lo que está parcialmente oculto. Los nuevos hallazgos, poco a poco, van cambiando esas creencias y esos supuestos que muchas personas apegadas a una forma fija de ver la realidad tomaban por certezas absolutas e inmutables. De esta manera, el hombre va descubriendo nuevas facetas de la realidad y transforma estos descubrimientos en oportunidades de progreso y de bienestar. El camino de la evolución científica ya es imparable y la ciencia se erige como la verdadera senda para mejorar nuestra vida. Sin embargo, da la sensación de que los grandes avances científicos, el gran progreso en el bienestar, no necesariamente se acompaña de una mayor felicidad, de un mayor equilibrio o aprecio íntimo por la vida. El avance científico nos ha ayudado de una manera extraordinaria para tener aquello que hace nuestra vida más agradable. Sin embargo, no nos ha descubierto nada sobre la esencia, sobre el ser, sobre lo trascendente, sobre aquello que no es objetivo, sino íntimo y subjetivo, sobre aquello que no es ni medible ni pesable y que sin embargo lo experimentamos como real. Hay pensadores que dicen que eso ni siquiera existe, que es un simple anhelo paranoico, y que nosotros surgimos en medio de una cultura sin que exista una identidad individual como tal. Otros dicen que no hay una verdad, sino que todo es relativo e interpretable. Sostienen que el ser humano es el centro de todo y no hay nada más. Algunos aseguran que somos seres lingüísticos y que, aunque esa realidad trascendente pudiera existir, no es accesible a la razón, ya que la razón usa el lenguaje como su principal instrumento. Otros pensadores sostienen que los objetos y los hechos del mundo tienen una conexión muy íntima con nuestras representaciones mentales porque ambos son parte de una única unidad. En cualquier caso, lo que resulta desafiante es saber de qué manera utilizar la capacidad de nuestra razón para generar un conocimiento que sea verdadero.

La respuesta a las preguntas que nos hemos hecho a lo largo de toda nuestra historia ha cristalizado en las distintas épocas creando diferentes civilizaciones y culturas. La respuesta se puede ver materializada en el modo de pensar y de vivir de las personas, en aquello que creen y en la manera en la que valoran las cosas. También se refleja en los supuestos de los que se parte y en las decisiones que se toman. Se refleja en sus valores, en su forma de trabajar, en su forma de divertirse y de relacionarse. Se refleja en sus gustos y en sus emociones. Se refleja en las instituciones que crean, en su arte y en todos sus comportamientos. Todas las manifestaciones de una cultura nacen de la mentalidad dominante de la época. Por eso es tan difícil entender a otras civilizaciones sin comprender las preguntas que se hacían y la manera en las que las respondían.

En cuanto a la idea que los seres humanos hemos tenido acerca de nosotros mismos, también ha variado a lo largo de los distintos momentos de la historia. Ha habido quien ha considerado que el hombre es un ser fundamentalmente egoísta que, naciendo de esta manera, todo lo que hace lo hace para su propia supervivencia o para obtener placer. Sólo quiere dominar y evitar ser dominado, y la única manera de no estar en guerra permanente con otros seres humanos es organizándose en una serie de comunidades, donde se pacta la no agresión entre ellos. El derecho no sería, pues, otra cosa que el resultado del fracaso del amor. Sería el miedo al castigo lo que haría que el hombre escondiera esta inclinación. Ha habido también corrientes de pensamiento que han sostenido que el ser humano no es nada más que el resultado del contexto histórico y de la cultura en la que vive. Todo lo que es surge de las experiencias que tiene, de lo que conoce y de lo que aprende, sin que en su interior haya nada más que esa capacidad innata de aprender. Hay también otros pensadores que sostienen que somos la palabra de Dios encarnada en la nada y que, aunque la nada es la ausencia del bien, esto es, el mal, nuestra naturaleza más profunda es verdad, bondad y belleza. No cabe duda de que, según nos mueva una idea u otra, así veremos a los demás y así nos comportaremos con ellos. Quien ve a los demás exclusivamente como seres egoístas, estará continuamente intentando dominarlos o evitar ser dominados por ellos. Ello dará pie o al arte de la guerra o al de la seducción. Quien ve a los demás bajo la luz de una doble naturaleza, buscará cómo inspirarla para que despliegue lo mejor en lugar de invitarla a que saque a flote lo peor.

Otro aspecto que tiene mucha importancia hace referencia a cómo se ve el ser humano dentro el mundo. Quien se ve como el centro del mundo considerará que no hay una verdad ni unos valores objetivos, sino que todo es interpretable, cuestionable y opinable. Lo importante ya no es lo objetivo, sino lo puramente subjetivo. La opinión se impone al conocimiento.

Quien se ve como perteneciente a un mundo que está completamente organizado en su devenir, pensará que no es libre y que por ello no puede ser en ninguna medida artífice de su destino. Los estoicos y los epicúreos pensaban así, y por eso sólo veían dos posibles alternativas: o aceptar esta realidad con serenidad y disfrutar del momento presente o enfrentarse a ella, llevados por la paranoia de un deseo utópico de libertad.

Quien se cree libre se siente también responsable de su destino y no víctima de las circunstancias, y por eso no renuncia a decidir cómo quiere actuar. Quien ve la vida como algo sin sentido, tampoco puede ver una trascendencia en lo que hace porque todo comienza y termina aquí.

La pregunta sobre quién tiene razón nos sumiría en un debate complejo, que sería posiblemente de un escaso valor práctico. Sin embargo, hay otra pregunta que sí nos puede dar mucha luz y que es: ¿adónde nos conduce cada mentalidad?

Si el hecho de ver a los demás exclusivamente como seres egoístas conduce a una civilización llena de desconfianza, sospecha e intriga, podemos pensar que ello es la prueba indiscutible de que la premisa «todos los seres humanos son egoístas» no sólo es correcta, sino que es además verdadera. Sin embargo, me gustaría plantear esto de otra manera. ¿Hasta qué punto ver a los demás como seres fundamentalmente egoístas no nos lleva a tratarlos con recelo y desconfianza? Esta es una pregunta interesante, porque también nos alerta sobre la posibilidad de que estemos provocando que suceda precisamente lo que quisiéramos evitar. No cabe duda de que si percibimos que alguien nos ve como seres egoístas, de los que uno no se puede fiar, estará invitándonos a ponernos a la defensiva y a no sentir el deseo de colaborar.

Todas estas ideas sobre la vida, sobre los demás y sobre nosotros mismos, viven en nuestro interior en forma de metáforas globales («el mundo es…») y de creencias de identidad («yo soy…»). Al estar muy metidas en nuestro inconsciente, están afectando a todos los aspectos de nuestra vida sin que seamos conscientes de ello. Así, quien cree que los seres humanos son seres fundamentalmente egoístas a los que sólo les interesa dominar y ser dominados, estará fundamentalmente tenso en su relación con otras personas y puede incluso que tenga una obsesión de pertenencia al grupo para garantizar su protección. En este contexto surgen también las estrategias de dominio, las de seducción y las de sumisión para evitar ser atacado. Quien cree que somos exclusivamente fruto de un contexto y de una cultura, se dejará llevar sin oponer ninguna resistencia. Quien piensa que no es libre, se sentirá siempre víctima de las circunstancias. Quien cree que el único conocimiento que existe dentro de nosotros es el que se adquiere del exterior y de las experiencias que uno vive, no dedicará tiempo al trabajo interior y a la reflexión, sino solamente a cultivar la erudición.

«No sólo es que la respuesta está en ti, es que la respuesta eres tú.»

Si nuestra mentalidad se construye con nuestro pensamiento y nuestro pensamiento es fundamentalmente lingüístico, entonces cabría pensar que todas esas metáforas globales y creencias de identidad pueden estar generando límites a nuestra capacidad de relacionarnos con otros y colaborar, límites a nuestra capacidad de conocer y comprender, límites a nuestra capacidad de tomar responsabilidad ante lo que nos sucede, límites a nuestra experiencia de serenidad y de felicidad. Si esto fuera así, sí podríamos afirmar que los límites que nos imponen nuestras ideas son también los límites que experimentamos en nuestro mundo. Por todo ello, lanzo para su reflexión esta pregunta: ¿cómo sería su vida si viviera de acuerdo a las siguientes consideraciones?:

1. Los seres humanos son en esencia sabiduría, verdad, bondad y belleza, pero, cuando se alejan de ese conocimiento, esa ausencia de luz favorece que aparezca la oscuridad.
2. El uso de nuestra razón y de nuestra capacidad de reflexión nos permite acceder a un conocimiento que está más allá del conocimiento de los sentidos. Hay un saber innato que para desplegarse precisa de un viaje interior.
3. Recuperar la capacidad de asombrarnos y de observar con un espíritu de curiosidad y fascinación puede ayudarnos a franquear las barreras de lo razonable y acceder a lo que no parecía posible.
4. Podemos influir en unas cosas pero no en otras. Sin embargo, siempre tenemos la libertad de decidir quién queremos ser frente a los desafíos que la vida nos plantea.

No sólo es que la respuesta está en ti, es que la respuesta eres tú.

Agradecimientos

Deseo expresar mi agradecimiento a una serie de personas por lo que han supuesto y suponen en mi vida.

A la memoria de Pablo Antoñanzas, un queridísimo amigo, una persona llena de simpatía, creatividad y grandeza, cuya presencia en nuestro recuerdo, nos hace ser mejores cada día.

A María Benjumea, presidenta de Infoempleo, por su capacidad para transmitir serenidad, entusiasmo, alegría y confianza.

A Jaime y Javier Antoñanzas, de Comunica + A, amigos entrañables y que son para mí un verdadero ejemplo de imaginación, generosidad y espíritu emprendedor.

A Pablo Motos, Jorge Salvador y todo el extraordinario equipo del programa de televisión «El Hormiguero», por haber creado un programa que sorprende, inspira y enamora.

A Jordi Nadal, mi extraordinario editor, por su fuerza, su pasión por el trabajo bien hecho y por su energía.

A todos los integrantes de Plataforma Editorial por allanar tanto mi camino.

Al Instituto de Empresa y muy especialmente a Paris de L'etraz, uno de los grandes expertos en la ciencia y el arte de emprender, por ser para mí una referencia en tantas cosas.

A Cuqui Cabanas y a Pilar Rojo del Instituto de Empresa, dos mujeres excepcionales cuyo entusiasmo hace que aflore lo mejor de nosotros.

A todos los integrantes de EBS y especialmente a Carlos Ongallo, Israel Jorge y Raúl de Tena por su autenticidad, su integridad y su compromiso. Gracias por haber creado un programa como el EBS Challenge, capaz de movilizar energías y voluntades para crear un mundo mejor.

A las personas que integran el Centro Europeo de Estudios y Formación Empresarial Garrigues y muy especialmente a su director, Ángel Bizcarrondo, por buscar siempre la excelencia en la formación.

A las personas que forman parte del IDDI, perteneciente a la Universidad Francisco de Vitoria, y especialmente al rector de la universidad, Daniel Sada, a la directora del IDDI, Natalia Márquez y a la directora de programas Susana Alonso, por su empeño en transmitir continuamente la importancia de los valores en la enseñanza.

A los miembros de Euroforum Escorial por buscar de manera constante cómo aportar valor.

A los integrantes de la Deusto Business School y sobre todo a Fernando de la Iglesia y a Víctor Urcelay, por potenciar una enseñanza llena de humanidad.

A mis queridos amigos Álex Rovira y Juan Mateo, junto a los que imparto el programa «Logra», por su simpatía, su cercanía, su creatividad y su deseo incansable por ayudar a las empresas a alcanzar la excelencia.

A mi querido amigo Eugenio Palomero y a todos los miembros de Itineribus, por transmitir constantemente ilusión y compromiso.

A los integrantes de HSM, la empresa que gestiona muchas de mis conferencias, por buscar cómo transmitir un conocimiento que favorezca el crecimiento y la transformación.

A la Asociación para el Progreso de la Dirección (APD) y especialmente a María Arrien, Ignacio Sánchez de León e Ignacio Pausa, por potenciar la cooperación entre empresas.

A una serie de personas por las que siento un gran afecto y entre las que quisiera destacar a José Antonio Marina, Eduard Punset, Elsa Punset, Luis Huete, Salvador Torres, Paloma Cabello, Raquel Meizoso, Salvador Antuñano, Ángel Sánchez Palencia, Leopoldo Prieto, Vicente Lozano, Pablo López Raso, Clemente López, Francisca Tomar, Alfonso López Quintás, Félix Suárez, Juan Carlos Cubeiro, Alberto Saíz, Joaquín Zulategui, Andrés Roemer, José Ballesteros, Pilar Jericó, Fernando Trías de Bes, Víctor Morte, Daniel Romero Abreu, Ignacio Martínez Mendizabal, Nieves Segovia, y tantas otras personas con las que he compartido enseñanzas y eventos apasionantes.

A mis buenos amigos del grupo Hospital de Madrid y a todas las personas que desde su enfermedad nos inspiran y conmueven con su capacidad de superación y la grandeza de sus almas.

El lector podrá encontrar más información
relacionada con el contenido de esta obra
en la web del autor:

www.marioalonsopuig.com

Su opinión es importante.
En futuras ediciones, estaremos encantados
de recoger sus comentarios sobre este libro.

Por favor, háganoslas llegar a través de nuestra web:

www.plataformaeditorial.com